应用型普通高等院校
艺术及艺术设计类
规划教材

企业形象设计

贺启金　刘聪 / 主编

北京理工大学出版社
BEIJING INSTITUTE OF TECHNOLOGY PRESS

内 容 提 要

本书通过对理论知识的详细讲解来引导读者认识企业形象设计，通过实例解读让读者理解企业形象设计的概念。本书知识深入浅出，便于读者记忆。

本书共五章，概念篇详细讲述了企业形象设计的相关概念，重点在于培养学生的理论知识运用能力；策划篇讲解企业形象设计的方法及程序，扩展了学生的思维；设计篇详细讲解了企业形象设计所涉及的元素；案例实训篇整合了理论与实践知识，以培养学生的实战技能；作品欣赏介绍了一些学生的优秀设计作品，旨在开阔学生眼界。

本书从概念认知到作品欣赏，全面讲解和分析了企业形象设计的知识点和设计方法，可作为高等院校艺术及艺术设计类专业的教材，也可作为相关行业设计人员的参考用书。

图书在版编目（CIP）数据

企业形象设计 / 贺启金，刘聪主编.—北京：北京理工大学出版社，2018.7（2018.8重印）

ISBN 978-7-5682-5849-4

Ⅰ.①企…　Ⅱ.①贺…②刘…　Ⅲ.①企业形象－设计－教材　Ⅳ.①F270

中国版本图书馆CIP数据核字（2018）第148289号

出版发行 / 北京理工大学出版社有限责任公司

社　　址 / 北京市海淀区中关村南大街5号

邮　　编 / 100081

电　　话 / （010）68914775（总编室）

（010）82562903（教材售后服务热线）

（010）68948351（其他图书服务热线）

网　　址 / http：//www.bitpress.com.cn

经　　销 / 全国各地新华书店

印　　刷 / 北京紫瑞利印刷有限公司

开　　本 / 787毫米×1092毫米　1/16

印　　张 / 7

字　　数 / 166千字

版　　次 / 2018年7月第1版　2018年8月第2次印刷

定　　价 / 45.00元

责任编辑 / 李志敏

文案编辑 / 赵　轩

责任校对 / 周瑞红

责任印制 / 李志强

前言 Foreword

形象，一般意义上讲是指能引起人的思想或感情活动的具体形状和姿态；从广义上讲，形象是多个具体形象的综合。事物都有自己的形象。人有人的形象，物有物的形象。企业形象是指社会公众和企业职工对企业的整体印象和评价。企业可通过产品品牌形象传达企业或品牌的功能价值和文化价值。一个好的产品形象和企业形象，直接刺激着商品价值的提升。

本书根据企业形象设计领域发展的趋势和新特点，结合设计案例，系统地介绍了相关理论概念、设计的特点。在策划篇展现分析了企业形象设计导入时机、调研的内容与方法、以及设计企划。在设计篇讲述了设计的基本工作流程、视觉识别设计的创意重点与原则，从基础设计标志、标准字体、组合方式、辅助图形、标准色、吉祥物做了深入的设计分析。从视觉识别系统的应用设计办公用品、包装、旗帜、服饰、广告宣传、交通、指引、环境几方面阐述了设计的注意事项与要求。本书展示了学生设计案例以及VI设计教学实训，力求通过作品赏析和强化训练，提高基本技能和应用能力。

本书由贺启金进行总体方案策划并具体组织，贺启金和刘聪两人主编。编写工作具体分工：贺启金（前言、第三章、第四章）、刘聪（第一章、第二章、第五章）。

本书是对编者多年来研究成果及教学经验的总结，以项目式教学为导向，融入了行业设计师的设计案例和学生优秀作品，致力于培养学生的实战技能。书中引用了相关企业单位的形象标志、理念文化等内容，只作为教学研究案例使用，在此表示感谢。部分知识点参照了国内外相关文献和专著，未能一一列明，在此表示诚挚的歉意。

限于编者水平，书中难免存在不足之处，热切希望读者和同行专家批评指正。

编　者

目录 Content

第一章 概念篇

第一节 企业形象设计概述

一、什么是VI设计

VI全称为Visual Identity，即视觉形象识别系统。VI设计是企业形象对外宣传的一种手段，是树立企业品牌的有效途径。它使企业的形象高度统一，使企业的视觉传播资源充分利用，达到最理想的品牌传播效果。

1. VI的基本内涵

VI是CIS（Corporate Identity System，企业形象识别系统）策划中静态的识别符号，将企业理念的抽象概念转化为一切可视化视觉信息的设计元素，对企业内外信息进行有效的视觉化展示，以崭新的视觉形象与受众进行交流和沟通的一项系统工程。同时，VI又是为满足CIS策划中MI（Mind Identity，理念识别）和BI（Behaviour Identity，行为识别）在视觉传播中的具体显现。VI设计使企业形象、理念、精神、规模和价值观以静态的具体化、视觉化效果，有计划、有组织地进行准确快速的有效传播，将企业的精神、思想、文化、经营方针和营销战略体现于整个经营行为之中，从而使企业的精髓处处得以显现。

2. VI与MI、BI及CIS的关系

企业的理念识别、行为识别和视觉识别，具有隶属的关系。理念指导行为，继而为视觉识别设计提供依据，也就是说，视觉符号必须反映企业的经营思想、方针政策、价值观念和文化特征。企业应将统一的、标准的、正确的视觉符号应用到经营活动中，以展示企业的整体形象。

（1）VI（视觉识别）。VI（视觉识别）是以企业标志、标准字体、标准色彩、辅助图形和企业造型为核心的象征符号，通过企业所有可见的视觉载体，以独特、完整、规范和系统的视觉形式展现出来，将企业的理念、文化特质、服务内容和规范等传达给观众，塑造出独特的企业形象。

视觉识别以企业的理念为基础，企业的视觉识别是CIS战略中的一项重要内容。如何使公众从视觉上感受到本企业与其他企业的不同，并且通过某种视觉识别形成对企业特定的印象，这就是视觉识别的目的和任务。特别是在当今社会条件下，一个人在接收外界信息时，眼睛（视觉）接收的信息占全部信息的83%，所以在塑造企业形象的过程中，视觉识别有着十分重要的地位。

视觉识别分为基本要素系统和应用要素系统两大体系。基本要素系统主要包括：企业名称、企业标志、标准字体、标准色彩、象征图案、企业造型、宣传口号、市场营销策划书等；应用要素系统主要包括：办公用品、生产设备、建筑环境、产品包装、广告媒体、交通工具、工作制服、旗帜、标识标牌、橱窗、陈列展示、其他用品等。

（2）MI（理念识别）。MI（理念识别）相当于企业的“脑”，是企业精神范畴的存在形式，如经营哲学、经营宗旨、经营理念、经营理想和价值观，是确立企业独具特色的经营理念，如企业生产经营过程中设计、科研、生产、营销、服务和管理等经营理念的识别系统。理念识别是企业对当前和未来一段时期的经营目标、经营思想、营销方式和营销形态所做的总体规划和界定。它包括如下要素：企业文化、企业作风、经营策略、座右铭、人才概念、团队意识、市场原则、发展目标、发展战略、发展策略、企业经营哲学、企业宗旨、企业伦理道德观、企业精神和企业价值观。它们都是MI设计的主体部分，控制着企业的整个运行方向、运行速度、运行空间、运行机制以及运行状况。从企业文化的角度看， MI又相当于企业深层的精神文化，属于企业文化的意识形态范畴，是企业的灵魂。

一个企业的成长与发展，要以文化内涵为支撑，并对其经营理念做出诠释，使之体现企业的价值观念和经营思想。设定企业的经营理念，必须深入调查研究、了解企业的精神内涵。理念定位要准确，理念表述要简洁独到，面面俱到的理念等于没有理念。依据企业员工的实际情况、文化水平、经营素质、传统优势等能够获得一条振奋人心的，上下内外都能接受的，并且能在企业内部变成大家的实际行动、在企业外部博得社会认同的理念。对企业理念、价值观念的塑造，是不断提高企业文化品位和档次的强心剂。值得指出的是，制定的企业理念识别系统，应该为大多数员工所接受，否则将脱离企业实际，设立的企业理念将形同虚设。

（3）BI（行为识别）。BI（行为识别）是指企业在其理念的指导下所形成的一系列活动，它相当于企业的“手”。行为识别是企业以明确完善的经营理念为核心、以创造企业文化为准则而形成的动态识别系统。企业行为识别，是实现企业战略理念目标的保证。对内建立完善的组织制度、管理规范、职员教育、行为规范和福利制度；对外则是通过市场调查、产品开发、公益活动、文化活动、公共关系、营销活动和赞助活动等方式来传达企业理念，获得社会公众对企业识别认同的认知形式。

行为识别是企业内部协调和对外交往中的一种规范性准则。它体现在全体员工的日常行为中，如组织机构、管理方式、行为规范、穿戴礼仪、工作氛围、工作作风、文娱活动、员工教育、工作环境、员工福利、利益分配、废弃物处理、环保意识、发展研究、新产品开发和文明规范等。员工们的行为举止反映一种企业行为，反映企业经营理念和价值取向，并不是独立的、随心所欲的个人行为，不仅仅是“上班不迟到，下班不早退”、遵守规章制度的行为。行为识别是员工们在理解企业经营理念的基础上，把它变为发自内心的自觉行动，这样，才能使企业经营理念在不同的场合、不同的层面中具体落实到管理行为、销售行为、服务行为和公共关系行为之中。企业的行为识别是企业处理与协调人、事、物的关系的动态运作系统。对外包括市场调研及商品促销、各种服务及公关准则，与金融部门及代理经销商等上下游合作伙伴相互交往的行为准则。

行为识别条款和制度的规范与规章纪律的约束全然不同，它侧重于用条款形式来塑造一种能激励企业活动的机制，这种机制是独特的、创造性的和识别性的。例如，日本本田公司为了鼓励员工提出各种合理化建议，就建立了一种按提出建议的数量和质量给予评分的奖励制度。分数可以累计，分值每到一定程度就可以获得一定的奖项，达到某个数值还可以公款出国旅游。现代企业可以说比过去任何时候都重视人的因素，充分尊重企业内的每一个员工，鼓励他们积极创造而不是单靠企业规章制度的约束，这是知识经济时代的一大特征。日本大荣百货有一种“人才盘点”规则，每半年“盘点”一次，适当调整各种岗位，破除等级观念，及时选拔一些更合适的人来担任合适的职务，同时，让各个岗位的人能多视角地观察企业的各种岗位，把企业看成一个整体，让每一个岗位的人都能明白其他岗位的难处和重要性，在岗位与岗位间提倡协作精神。

在对外交往方面，企业的整体行为是它的立身之术。在信息社会中，一个企业拥有再好的产品、再好的外观形象，如果人们和它打过一次交道之后感到厌烦和难受，那么人们依然会对它敬而远之。在国内，常常可以听到一些商家为了小利而与顾客发生争执。例如，一家颇有影响的百货商店，由于自己的失误，少收了顾客的钱，于是到顾客家中索要，与顾客单位交涉，最终到法院状告顾客。这一行为使广大顾客寒心。日本某电器商场，顾客买了一台吸尘器，回家后发现是坏的，打电话给电器商场，不一会儿，商场经理就驱车赶来，一进门就恭喜顾客中了奖，并解释说，本店准备了一台不良吸尘器，是专为顾客中奖预备的。同时将一台优质的吸尘器送到顾客手中，使坏事变成了皆大欢喜的好事。此事广为流传，商场的这一行为反映出这家商场的经营理念——为顾客着想，而不是首先想到自己的麻烦和损失。同时，这一行为所产生的美誉效果，或许是任何广告宣传都无法达到的。

几十年前美国纽约的码头工人因搬运的货物太重而罢工，政府当局立即请来色彩学专家将原有的黑色包装改为绿色包装，重量上没减，但感觉上轻了，因此工人很快就复工了。这种因工作条件方面的原因而给员工造成消极心理影响的情形，正是企业管理上的漏洞，不得不引起深思。

上述这些无论对内、对外的行为准则，都不是常规的规章制度所能规范的。商场可以规定“产品实行三包”，却不能保证真正遇到问题的时候，有关人员能够想出类似日本电器商场的创意，带来皆大欢喜的良好结局。企业可以将奖惩条文高悬在每一个员工的头上，但它仍然不能保证每一个员工具有创造力。当然常规的规章制度是必须的，行为识别的操作也应有一系列的条款来保证，但只有展现理念精神、激活内部机制、提高创造力才能保证行为识别的特有价值。

（4）CIS（企业形象识别系统）。CIS（企业形象识别系统）主要由理念识别、行为识别和视觉识别三大体系构成。所谓识别系统，应该具有可操作性，能够将理念识别、行为识别和视觉识别操作到比较理想的程度。在强调统一的同时，应把握设计的灵活性。视觉形象做到刻板僵化，或者不成系统、缺乏规范、琐碎零乱，将会带来操作实施上的麻烦。企业形象识别系统作业，不仅是视觉识别系统设计，它更应该是理念识别、行为识别和视觉识别的完美结合（图1–1、图1–2）。

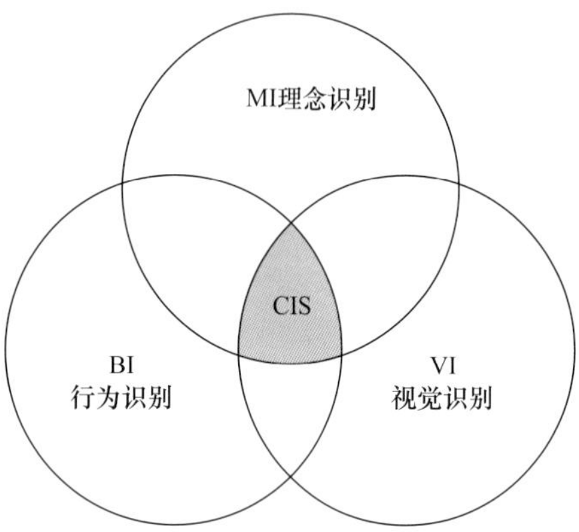

图1–1　企业形象识别系统

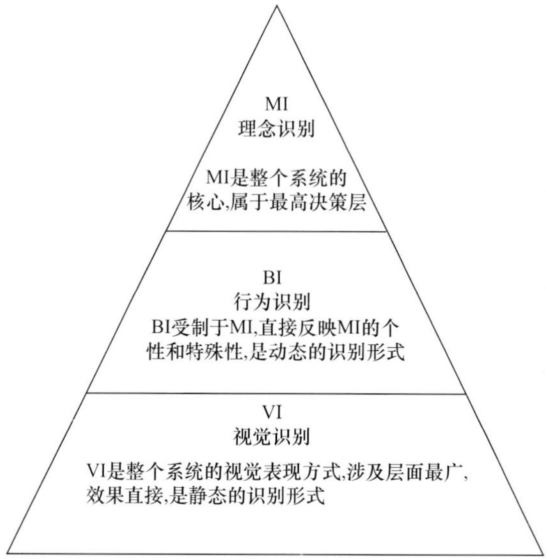

图1–2　MI、BI、VI隶属关系

企业形象是企业的一项重要的无形资产，它代表着企业的信誉、产品质量、人员素质等。塑造企业形象虽然不一定能马上给企业带来经济效益，但它能帮助企业创造良好的社会效益，获得社会的认同感，最终使企业收到由社会效益转化来的经济效益。它是一笔重大而长远的无形资产的投资。未来的企业竞争不仅仅是产品品质、品种之战，更重要的还是企业形象之战，因此，塑造企业形象逐渐成为有长远眼光的企业的长期战略。

CIS中的Corporate译为社团的、法人的；Identity译为特性、同一性；System译为体系、系统。CIS是欧美国家发展起来的一种经营管理策略。随着国外企业形象识别系统（CIS）的兴起及导入，企业形象设计已成为我国企业管理中的新兴领域，正在逐步形成应用性强、使用范围广、形式多样的一套可操作的管理方法和技巧。

CIS通过对企业的整体形象设计，将企业经营理念与精神文化，运用整体传达系统（特别是视觉传达设计），传递给企业周围的关系者或团体（包括企业内部与社会大众），使其对企业产生一致的认同感，使企业在复杂的社会环境中得到社会的接受和肯定。

CIS结合现代设计理念与企业经营管理理论，重点刻画企业的个性，突出企业的精神。它是企业塑造形象、获得竞争优势的有效工具，是社会公众识别企业和企业向外展示风貌的一座桥梁。它能够使消费者对企业产生深刻的认同感，从而达成促销企业产品或使消费者接受企业服务的目的。

CIS所包含的理念识别、行为识别和视觉识别的统一化、标准化、规范化，有利于塑造企业良好的形象，从而为企业创造最佳的经营管理和营销环境。CIS战略的作用，在于提高企业的竞争能力，增强企业的凝聚力，使企业更好地适应消费者的需求，从而有效地增强企业信息的传播效果。

二、企业形象设计的作用

1. 塑造与众不同的企业个性

在经济飞速发展的时代，企业想要脱颖而出就要具备自己的特点和个性，从企业的文化风格、行为规范、经营策略、品牌名称、标语标识等处加以整合彰显本色。可口可乐之所以成为软饮料行业的巨人，其独特有效的VI设计功不可没。该企业的一切物质设施统一有着红白相间的表层形象，又以适应力极强的不同文字兼容设计，如中文“可口可乐”表现出企业品牌与中华文化的兼容性，让人印象深刻。包装造型设计与众不同，少女般的流线瓶型独一无二，透明红白专色的瓶贴装饰晶莹剔透，使企业“新鲜、活力”的宣传理念得以体现，使跨越了几代人的历史品牌与现代社会相亲近，让一代一代的消费者为之倾倒。形象、个性、理念的准确树立使企业与众不同并独具魅力（图1-3）。

图1-3　可口可乐品牌包装设计

2. 塑造人性化的企业形象

人类所有的技术革命与产品更新，都是以人为本，以减轻劳动强度、降低能源能耗、环保、愉悦为前提的，因此在设计企业形象的过程中，必须满足消费者的心理需求。没有一个消费者愿意接纳强行推广的企业形象，只有以情动人，使企业形象给人以“亲切感”才能打动受众。

幼儿渴望有一件漂亮的玩具，小学生希望有一个实用得体的书包，中学生盼望有一双“耐克”运动鞋，中青年人向往有一辆跑车，老年人祈求平安、健康。消费者最希望有一批信赖可亲的企业，能给自己的期盼以安全感，让自己在消费的同时也享受到温馨和快乐。

中国移动以“沟通100、满意100”“服务100、满意100”为品牌宗旨，以“厚德载物、有容乃大”为企业理念，让消费者对企业的视觉形象产生亲切感，树立了良好的企业形象，成为消费者信任的品牌（图1-4、图1-5）。

图1-4　中国移动“满意100”品牌形象推广

图1-5　中国移动“满意100”品牌形象推广

“只溶在口，不溶在手”——M&M'S巧克力的视觉形象设计，以夸张的巧克力豆为企业形象，举着可爱洁净的小手昭示它那“只溶在口、不溶在手”的信息与人沟通，将父母最担心的顾虑一下子化解了。它所给予的无微不至的人性化关爱，让人对产品的“亲切感”油然而生，再次证明了视觉设计的妙用。M&M'S巧克力糖果公司，在美国以其“独一无二”的人性化的视觉诉求赢得了丰厚的利润（图1-6）。

图1-6　M&M'S巧克力豆包装设计

3．塑造简洁的企业形象

企业常面临错综复杂的态势，VI视觉设计以独特的视觉效果，整合企业的商品、商标和专用品牌为企业识别标志，把消费者从庞杂的视觉海洋里吸引过来，以言简意赅的视觉形象，易认、易懂而具深刻内涵的符号，强化企业形象的被“注意值”和“关注度”。

课堂实训

1．理解 VI 概念（表 1-1）

表1-1　理解VI概念

实训名称	理解VI概念
实训目的	通过理解VI设计的基本概念，初步理解VI设计在企业的生存与发展中的潜在作用，了解VI设计在CI设计中所扮演的角色
实训内容	收集自己感兴趣的企业形象资料进行分析
实训要求	1．分小组讨论自己所理解的VI设计
	2．分析各行各业视觉设计的差异性
	3．将小组讨论的结果编写成文字稿交任课老师点评
实训步骤	分组→确定分析对象→小组讨论→归纳同学的讨论→发言→编写成文字报告
实训向导	1．对某一个企业形象设计感兴趣的同学自愿组合分组
	2．讨论的侧重点放在VI的基本概念上，同时对VI设计的功能作用加强理解
	3．通过实例，侧重个案的剖析与理解
实训体会	

2. 分析 VI 与 MI、BI 及 CIS 的关系（表 1-2）

表1-2 分析VI与MI、BI及CIS的关系

实训名称	分析VI、MI、BI及CIS的关系
实训目的	进一步理解MI、BI、VI与CIS系统的关系，以掌握CI设计的基础理论，为今后的实训打下坚实的基础
实训内容	1. 选择一个优秀的企业为蓝本分析其三大理念
	2. 找出企业的核心理论并分析其理念制定的依据
	3. 分析行为识别、视觉识别的独特之处表现在哪些方面
实训要求	1. 以个人为单位独立思考分析
	2. 对照本实训内容逐条以文字的形式叙述
	3. 每人交一份1000字左右的分析报告
实训步骤	首先寻找一个企业，走进企业亲自感受企业的优秀之处与不足之处；然后对照教材进行分析，找出企业的核心理念；最后写出个人体会并在班上公开交流
实训向导	巩固前面所学知识，提高和加强理论与实践相结合的能力，从不同侧面分析企业实态，敢于发表自己的见解，敢于提出自己的设想
实训体会	

第二节 企业形象设计的发展历史及现状

工业革命为人类带来了空前活跃的经济活动，市场上充斥着大量商品，企业竞争愈演愈烈。现代企业为了有效控制运作过程中企业信息的传递，逐渐引入完善了CI系统。从历史发展的角度来看，企业利用商标和其他标志树立自己的形象，已有数百年的历史。在1700年前后，欧洲大部分的商业单位都有自己的商标。在中国，商标的历史更加久远。北宋时期，最负盛名的是济南刘家针铺的标记，上面写着“认门前白兔儿为记”，将门前白兔形象置于标志的中心，这枚标志已经具备了现代商标所应具备的各种因素。但是这些早期的商标设计活动基本是分散的、不系统的，没有完整的、科学的设计规律和原则。

CI的概念形成于20世纪50年代的美国，作为现代商业的“伴生物”，自产生之初就不断地融入新的内容，并随时间、地点、对象不同而不断演绎，以适应新时代和新消费群体的需要。探寻CI的历史可以使我们更加清晰地看到现代CI设计的发展脉络，依循时代的需求不断提升艺术设计实践的能力。

一、CI的形成历史

CI作为一种文化现象，隐含着一个最基本的功能和概念——识别。CI的最初用途即为识别。

1. CI的萌芽

在19世纪的欧洲，一些大型企业组织已经开始较为全面地建设企业形象，确立企业的个性，其中较为突出的是英国伦敦客运总署和德国的跨国企业AEG通用电器公司。

19世纪初，伦敦客运总署的副总裁弗兰克·匹克先后几次委托艺术家对伦敦的地下铁路运输系统进行设计规划，最复杂的线路交错部分放在图的中心，忽略比例的约束，只重视线路的走向、交叉，让乘客一目了然。这套周密完整的系统规划成为CI的萌芽（图1-7、图1-8）。

图1-7　伦敦地下铁路运输系统

图1-8　伦敦地下铁路运输系统

1916年，弗兰克·匹克委托被誉为“20世纪字体复兴之父”的英国平面设计家爱德华·约翰斯顿为伦敦地铁创制了无衬线字体——“铁路体”，将其作为标准字体运用到伦敦的地铁系统中，并一直沿用至今。英国成为世界上第一个在公共场所运用无衬线体的国家。之后，爱德华·约翰斯顿还修改了当时伦敦地铁的小圆盘标志，形成了今天伦敦地铁的标志形象。

1933年，弗兰克·匹克委托名为亨利·贝克的一名工业绘图员来解决大型互联公共交通运输系统路线的混乱状况。设计师将线路方位全部限制在45°到90°角之间，用鲜艳的色彩标明地铁线路，用“铁路体”标明站点，用圆圈标明交叉地点，使得地图简单明了，大大方便了用户的查看。

弗兰克·匹克对伦敦地下铁路运输系统的建筑、家具以及标志等诸多领域进行了设计和改造。他还曾邀请很多年轻的艺术家为地铁站进行装饰，为公共交通工具设计海报和旅游广告。这一系列的设置为纷繁的地下铁路运输系统增添了统一的视觉风格，给人留下了秩序井然、整齐划一的印象，也让人们增加了安全感。放置于站台墙面的色彩斑斓的旅行海报，也激起了旅行者探索伦敦城市与乡村的兴趣。同时，这种做法也有效地提升了刚由多个相互竞争的私人公司组建而成的伦敦客运总署内部的凝聚力。

彼得·贝伦斯作为著名的建筑家和艺术设计师，是现代艺术设计的奠基人之一。1907年，贝伦斯接受了德国通用电气公司负责人W.拉特瑙的建议，担任公司的艺术经理。当时，通用电气公司已经成为超级垄断组织，通过遍布世界各地的销售网络推出产品。贝伦斯在领导AEG公司的艺术设计工程建设时，注意到统一的产品风格、品牌理念的重要性。为此，他采取了一些有效的措施：设计了统一的形式语言，即制定统一的“公司风格”。他全面负责公司的建筑设计、视觉传达设计以及产品设计，使这家庞大的公司树立起了一个统一、完整、鲜明的企业形象，并开创了现代公司识别标志设计的先河。他设计了AEG三个字母形象的图案并将其作为企业标志，统一应用于产品、包装、海报、信笺、信封等上，这成为CI的雏形（图1-9、图1-10）。AEG形象建设因为第一次世界大战而受挫，此后一蹶不振，但它所奉行的理念对之后CI的发展产生了深远的影响。

图1-9 AEG品牌形象设计

图1-10 AEG品牌形象设计

此外，在20世纪50年代和60年代，意大利奥利维蒂公司的形象设计为欧洲其他国家的大型企业提供了样本，也促进了美国企业形象设计的发展。平面设计师吉奥瓦尼·平托里为奥利维蒂公司设计了新的企业标志，并且广泛地应用在与公司有关的所有方面。同时，在设计推广新产品的海报时，采用统一的风格。这是当时西欧国家设计出的最完整和最具有视觉效果的企业形象系统，具有划时代的重要意义。

20世纪80年代，改革开放的春风吹遍了我国大江南北，日本的电器、美国的日用品逐渐传入我国，在许多家庭中占了一席之地。接着，CI设计也在中国人脑中有了一个朦胧的认识。一些企业决策人员开始思考，为什么麦当劳的标志那么抢眼？为什么可口可乐的名字那么好听？然而，当时的中国能够驾驭CI的专业公司根本没有。

2. CI 的形成

第二次世界大战之后，欧洲各国经济逐渐复苏，各种企业不断涌现。一方面，产品大量涌入市场，且产品同质化严重；另一方面，企业自身急速成长，出现了许多跨国公司，这些公司机构庞大、人员众多、业务复杂，处在不同的国家和不同的文化中。面对这种状况，突出整个企业以及产品的形象显得极为迫切。美国的一些大型企业开始将树立企业形象视为崭新而又具体的经营要素，个性化地将艺术设计、工业技术和商业运营结合起来，以实现企业的利益和社会的价值，企业之间的识别策略越来越系统化、理论化。1950年，美国杂志首次出现了“Corporate Identity”一词。这与前文提到的AEG公司的识别标志不同之处在于，有些企业或品牌的形象被赋予了某种“特质”，并且这种形象可用作一种商业工具，人们可以将这种策略称作“附加值”创造。1955年，美国IBM公司率先将企业形象识别设计系统作为一种管理手段纳入企业的改革之中，从企业标志入手，开展一系列有别于其他商业性设计的识别设计。由保罗·兰德设计的由蓝色横向线条构成的IBM标志，完美地展现了IBM的理念与高科技特性，如图1-11所示。此后，IBM还推行了产品外形的标准化、系列化，明确了公司的标准色彩。

图1-11　IBM品牌标志

20世纪70年代初期，美国L&M公司负责为可口可乐公司进行企业形象识别设计，在广泛的市场调研基础上，设计开发出了可口可乐品牌名称、商标、标准色以及独特的玻璃瓶造型，并通过一系列公关活动将其推向公众，导致世界各地掀起了一场企业形象革新的浪潮。20世纪70年代，各大企业已经开始强调视觉传达设计的标准化，力求设计要素与传播媒介的完美统一，使得企业标志、标准字体、标准色彩能充分运用在整个企业识别系统中，以完美的视觉形象传达企业的整体信息。

进入20世纪80年代后，美国风起云涌的企业形象识别设计浪潮席卷了太平洋彼岸的日本，并在日本得到长足的发展。在日本，企业形象识别设计由最初的只注重企业视觉的识别设计转向了企业运营理念、企业文化、企业资源等深层因素的重塑与再造，形成了独特的识别设计模式。日本的PAOS公司在吸取欧美企业形象设计思想的基础上，开发出了“设计综合经营战略”，亦称“设计管理”，PAOS也是日本第一家CI策划公司。

在此期间，CI在韩国和我国港台地区也开始传播。20世纪90年代，随着改革开放的深化，我国沿海经济发达地区带动了其他地区的发展，富起来的人渐渐多了，一些大城市的生活水平逐渐达到了中等发达资本主义国家的水平。没有精神内涵的价值观念受到商品多元化的冲击，人们的价值观念再次改变，我国企业也开始认识到，在解决自身的生存价值外，还要实现社会价值，对信息价值的追求能让企业更好地解决生存价值。所以，部分企业开始关注企业形象设计的问题。这一时期，我国大陆企业最直接地受到了我国台湾CI设计的影响。我国台湾的CI设计风格又受日本影响，但不及日本那样跟上了世界潮流进入了后现代风格。但可以说，我国设计师在不知不觉中已经接受了日本后现代主义，这从当时企业标志的设计中可以看出，如太阳神、半球电器、单夫高级衬衣、浪奇等的标志。

二、CI的发展

创新时代实际上是信息时代的天然伴随物。尽管我们掌握了新的信息，但仍然有薄弱环节，它不是出现在信息的创造上，也不是出现在信息的贮存上，甚至也不是出现在信息的获取上，而是出现在利用新的信息去做新的事情上。在现代信息社会，科技促进了媒体的多元化发展，丰富了大众的视觉经验，也为CI设计创造了更广阔的创意平台。CI设计的生命力只能源于创新，必须在不断输出、强化差异性以及自身存在的特殊性中求生存，而不可能一劳永逸，解决所有问题。设计师只有熟悉和掌握现代信息，以敏锐的眼光不断发现新的设计元素，才有创新的可能，才能充分利用艺术设计语言，将内在美转化成外在美，以物质的方式向观众展现。也正是在这样的过程中，CI设计才得以发展，CI的内涵才得以丰富。

1. 设计维度的拓展

传统的CI设计多从二维角度出发，立足于标志、标准字、标准色和辅助图形等的平面图形设计和相关平面应用。随着CI载体多元化扩展，形象展示的全方位、多角度发展已成为必然。CI设计已经将视觉中心与应用载体的特征相结合，从二维走向三维甚至多维。

（1）从二维到三维。展示是一种主体在空间中演绎的综合艺术，是信息交流的重要手段。展示设计融合了二维、三维以及四维的设计因素，涉及CI元素在特定时间与空间条件下的规划与实施。比如专卖店的空间设计，不仅要实现商品陈列的功能，还要充分塑造企业视觉形象，使顾客感受全方位的购物体验。

CI在环境中的应用主要表现在环境中的指示系统和建筑外观上。这些不仅是企业形象的体现与内外部人员的重要沟通媒介，也是CI 设计深入程度的重要体现（图1-12、图1-13）。

图1-12　品牌环境系统

图1-13　品牌指示系统

（2）从静态到动态。数字化媒体的出现与繁荣，使社会环境发生了质的变化，也使艺术设计的领域和手段不断得以延伸。数字媒体高度集合了图像、文字、色彩和声音等传播元素，带来了全新的视觉传达方式，不仅具备动态的展示功能，还可实现与大众交互式的交流，具有较强的实时性。同时，数字化媒体的视觉效果影响和促进了平面设计语言的发展，实现了平面媒介表现超平面的动态效果，如图1-14所示是成都神仙兔企业形象设计在不同媒介上的应用。

图1-14　神仙兔企业形象设计

2．CI 设计应用对象的扩展

随着CI的发展，再来理解CI之C，其已不只代表企业，还广义地代表了国家、城市、公共场所，包括医院、学校、政府部门等相关组织，甚至某个活动、事件以及个人，这些都可以作为系统整合的对象。同时，CI设计对象的广义化发展也扩展了CI 的内涵，促进了CI理论的完善与实践的创新。

第三节 企业形象设计结构

“形象”从词义上来解释，是指能唤起人的思想或情感的具体形状和姿态，形象是公众对某一被认知对象的外在和内在因素的总的印象与评价。形象是一种抽象概念，是外界事物在人脑中的反映。它受公众或个人主观意识的制约，对同一被认知对象，不同的人因其知识、经验、情感等因素，可能会产生不同的印象和评价；即使同一个人，也会因时间的不同，或其他认知条件的改变，对同一被认知对象产生不同印象与评价。

企业形象是指企业内外人员对企业形成的一致认同感和价值观，是对企业整体印象的综合评价，是企业与公众交流沟通的纽带。企业形象是通过企业诸多的构成要素综合地体现出来的，它主要包括以下几个方面。

一、视觉形象

视觉形象主要包括企业标志、企业标准字、企业吉祥物等。企业标志能够有效地帮助公众识别和记忆该企业，它在树立企业形象中是最直接、最有效的建立企业知名度和塑造企业形象的方法。企业标志将企业理念、企业文化、服务内容等以视觉传播的手段转换为具体符号概念，应用在形象的展示上（图1–15至图1–17）。

图1–15　隆鼎福标志设计

图1–16　隆鼎福标志标准制图

图1-17 伊绥高速公路标志设计

二、产品形象

产品形象能在一定程度上反映企业形象。公众可直接通过产品了解企业，产品质量的优劣直接影响公众对企业的印象。企业可通过产品去争取公众的喜好，产品形象是整个企业形象的客观基础。产品形象的具体体现有：产品名称、产品商标、产品包装、产品营销通路、产品功能质量、售后服务及新产品开发等（图1-18）。

图1-18 品牌包装设计

三、环境形象

企业环境形象是通过企业内外生产生活相关的环境设施所展现的形象，它反映了企业的管理水平、经济实力、风格面貌。环境对企业起着烘托、装饰的作用，也是组织形象的硬件部分。环境形象的具体体现有：企业的卫生条件、审美趣味、布局造型、色调和装饰风格等（图1–19）。

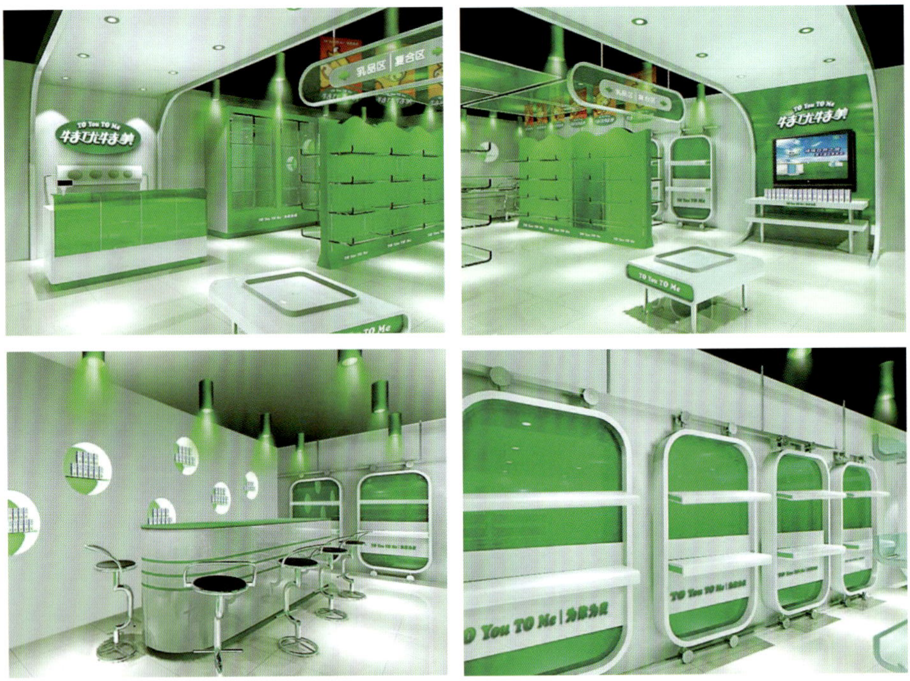

图1–19　品牌环境形象

四、员工形象

企业员工形象是通过组织成员所展现出来的企业形象，包括企业领导的形象、管理人员的形象、全体员工的形象等。员工形象是企业形象的人格化体现。员工的职业道德、专业知识、文化修养、精神风貌、言谈举止等都将对企业在公众中的形象产生影响。优秀的员工形象能巩固或改善公众心目中的企业形象（图1–20）。

图1–20　品牌服装设计

五、服务形象

服务形象主要包括服务态度、服务效率和售后服务等，它是通过服务行为展现的企业形象。现代形象竞争很大程度上在于服务的竞争，谁的服务好谁就容易赢得人们的青睐。

六、公关形象

公关形象是通过企业公关部门和公关人员所展示的企业形象，是对公关人员的知识素养、活动能力、心理素养、言谈仪表等的综合印象，是公众对企业有计划、有组织活动的认识与评定，在一定程度上影响着社会舆论等对企业的印象。

七、综合形象

综合形象是企业作为一个整体给予外界社会的综合形象，它是通过企业的经营效益、经营作风和管理水平等来体现的。一些其他因素也综合地反映着一个组织的形象，如组织的方针政策、办事程序和效率、市场开发能力、信誉、技术开发的实力、参与社区活动的影响等。

企业形象是企业的外在表现，也是CI设计策划过程中主要研究的内容。通过对企业由表及里地调查、研究、分析，发现企业在形象塑造中需要解决的问题，进而制定出合理有效的解决方案并实施，这个过程其实就是CI设计的基本过程。

如果将之放到一种事物之间更宽泛、更内在的关联上，以维护形象个性内在的统一为准则，我们在形象表现上就会获得更广阔的空间、更丰富的手法、更深沉的力量。形象广告包括三种，企业形象广告、品牌形象广告和产品形象广告。当现代行销走过产品力、销售力阶段，而走向产品力、销售力、形象力、公关等诸方面的整合阶段时，当一个企业由单一产品向多元化、综合性集团企业发展时，单纯的产品广告在营销战中就显得势单力薄，必须借助企业形象广告在更高的层面将各类产品统领在一面旗帜下，同时将企业的经营理念及企业文化传达给社会大众，从而塑造出鲜明的企业形象，树立于大众的心目中。品牌形象广告是就某一品牌赋予一种个性魅力。这是人为创造的一种精神上的氛围，帮助品牌与其他同类产品区别开来，形成自己独特的形象，例如，大红鹰的胜利之鹰，用“V”阐述了大时代背景下胜利者的形象。

企业形象、品牌形象、产品形象有时是统一的，比如真功夫；有时则部分统一，比如海尔集团，企业与品牌是统一的，下属的每个产品则各有形象，如“小海风”“小神童”；有时则完全独立，各自为政，如宝洁仅洗发水就有海飞丝、飘柔、潘婷等多个品牌，各品牌独立于市场，自成一派：海飞丝是去头屑专家、飘柔是头发柔顺专家、潘婷则是头发养护专家，形象诉求各有侧重。无论企业形象广告，还是品牌形象广告，或者产品形象广告，都必须借助一定的手段来进行各种表现，也就是我们通常说的形象的载体，如星巴克、中国移动、华为、KFC品牌（图1-21至图1-24）。

图1-21　星巴克标志

图1-22　中国移动标志

图1-23　华为标志

图1-24　KFC标志

课堂实训

CI 设计案例研究（表 1-3）

表1-3　CI设计案例研究

实训名称	CI设计案例研究
实训目的	学习了CI的系统构成后，还需要观摩、研究一些CI设计案例，来加深对CI的理解
实训内容	收集这些案例在变更中形成的品牌故事和设计介绍，具体分析和理解CI系统中理念识别、行为识别和视觉识别的相互关系，加强对本章内容的理解
实训要求	分析案例中的理念识别、行为识别和视觉识别的相互关系
实训步骤	通过了解案例中的企业形象形成演变过程，来体会VI的构建思路

第二章 策划篇

第一节 企业形象设计导入时机

由于各企业有不同的市场地位，其对企业形象系统的需求程度也有所差别，因此不同企业导入CI的时机各不相同。形象识别系统的实施往往要利用一些特殊的时机，解决企业面临的特殊问题。只有目的明确、思路清晰，才能取得理想的形象建设效果。以下几种情况可能成为建立企业识别系统的动因。

一、新建企业或转变企业经营体制

企业在建立之初就导入企业形象系统，能把企业文化信息传播给社会公众，形成形象影响力。在变化万千的市场经济环境中，企业转变经营体制的情况时有发生，企业最高决策层经营理念也随之变动。此时，需要整合企业理念，建立统一的新形象。

二、企业经营领域的拓展与转型

企业在扩大或改变经营领域时，产品结构逐渐向多元化发展，企业原有的信息传播系统可能与之不适应。这时就必须考虑重新导入企业形象系统，或为原有形象系统注入新内容，以确保企业理念与视觉形象的适应和协调发展。

三、品牌开发与整合

为了给消费者提供更多选择，企业往往采取多元化的品牌战略。通过建立品牌识别系统，理顺品牌形象与企业整体识别的关系，使品牌策略与企业的整体营销相辅相成。

四、企业进入国际化经营的发展阶段

随着企业实力的发展，原本立足于国内市场的企业逐渐实行跨国经营，市场环境条件的变化要求企业改变地域化的风格而展现国际化的企业形象。

五、企业原有形象陈旧落后、缺乏个性

一些传统企业虽然已拥有稳定的影响力，但它的理念、形象因为长久不变而显得陈旧落后。另外，由竞争带来的“同质化”使缺乏个性的企业无法脱颖而出，不能获得较高认知度。在这种情况下，企业需要对其理念与传播环节进行突破性的改变，要立足于市场，明确自身的性格与特色，建立形象识别系统，并进行有效的传播。

第二节 企业形象设计调研

CI开发的准备工作是通过调查掌握企业形象的实际状况，以之作为战略决策的基础。企业的持续发展必须建立在对存在环境的正确分析和反应上。

同时，CI设计的综合性特征依存于系统的开发与设计。系统是指由相互作用和相互依赖的若干组成部分结合而成的具有特定功能的有机整体。系统具备整体性、关联性、层次性、目的性和与环境的适应性等重要特性。同样，系统思维认为各要素组成的整体具有不同于各要素功能简单相加的新功能。系统思维作为现代整体思维方式，将具体研究对象看作是各种要素以一定的联系方式组成的结构与功能统一的整体。它重在考察系统各部分之间的联系和相互作用，并将系统的各要素始终放在整体中研究。可见系统思维的核心是注重系统中的联系和相互作用。CI的设计调查是了解企业生存环境的现状和发现所存在的实际问题的过程。只有通过制订周密的实施计划，明确调查的内容、调查的对象并按照系统思维进行分析才能获得良好的效果。设计调查的工作一般包括以下几个阶段。

一、明确调研内容

1．企业内部状态调查

企业内部状态调查可以围绕VI的三大系统展开：

（1）VI的理念部分。我们可从企业经营方针、领域，企业的现代性与未来性，职工的认同感、责任感和凝聚力，来发现其中的意识，是清晰的还是模糊的，是盲目的还是有的放矢的，是认同度高的还是认同度低的，从而评估这种意识是否具有活力，并在这个过程中寻找到能够承担企业良性运行的新理念，使企业转危为安，完成企业的使命。

（2）VI的行为识别部分。这主要是对企业内部状况的了解，如管理水平、活力状态、观念和作风、人员素质和行为规范等。

（3）VI的视觉识别部分。要了解企业的知名度、信誉度以及产品的认知度、形象，信息交流渠道是否畅通，国内、国际市场状况和个性特征等，努力去发现如何适应现代性、国际性的因素，并加以归纳、提炼，以便使企业品质更优秀，更有利于公众接受，为树立良好的企业形象提供建设性意见。

2．企业外部环境调查

企业外部环境调查涉及企业的视觉识别和行为识别两大部分的内容，具有一定的广泛性和社会性。了解社会公众对企业形象的看法并对存在的问题加以解决，是导入企业识别活动的主要课题。因为，导入VI系统的最重要的目的，就是在市场上或社会公众心目中塑造良好的企业形象。这类调查通常采取的方法有三种，即抽样调查、访谈调查和分析大众传媒报道。企业形象是由知名度、美誉度和形象定位组成的，这三个要素只是抽象的概念，必须在它们的可操作性方面进行度量。为此，我们设计出四个具体的度量指标，即企业认知度、企业广告度、企业美誉度、企业形象评价度。其中，企业认知度和企业广告度是表示企业知名度的，企业形象评价度和企业美誉度通过企业形象综合要素分析表来表示，这四个指标都能反映企业形象的定位。

（1）企业认知度。企业认知度是指社会公众对企业了解的程度，即企业的知名度。企业知名度是企业形象的基础，没有知名度，就谈不上企业形象。在进行VI设计之前，必须先对企业现存知名度进行调查，只有弄清了企业知名度的状况，才能在此基础上进行新的知名度传播设计。企业认知度分为五个等级：

①非常了解该企业所经营的产品和服务；

②大致了解该企业所经营的产品和服务；

③知道该企业所经营的某些产品和服务；

④只知道该企业的名称，而不清楚企业所经营的产品和服务；

⑤对该企业的名称、产品和服务均一无所知。

对企业知名度的调查应该通过划分市场来进行，因为在不同的市场，企业的知名度是不一样的，一级目标市场肯定高于二级目标市场，二级目标市场肯定高于三级目标市场。为了调查的准确性，应该在三个级别的目标市场中各抽取一定的样本进行调查，并对三个级别目标市场的知名度做出科学的分析，这样才能真正反映企业的知名度。为了方便，人们常将三个级别目标市场的知名度按一定比例进行相加，得出企业的总体知名度。

（2）企业广告度。企业广告度是调查公众对企业广告的接触情况。一般而言，广告接触度高，企业的知名度就高，如果没有负面信息，知名度高的企业就比知名度低的企业有更好的形象。广告接触度调查主要了解下述内容：

①广告播出的次数和频率；

②抽样了解公众对广告的知晓程度；

③抽样了解看了广告而购买商品的顾客比例；

④抽样了解看广告后不买商品的顾客比例；

⑤抽样了解公众对广告的认可度和拒绝度。

（3）企业美誉度。企业美誉度是指公众对企业的褒贬程度。有较高的知名度，不一定有较好的美誉度。建立企业形象，应该致力于建立企业美誉度，企业只有有了良好的美誉度，才会产生良好的形象，才会产生经济效益。对企业美誉度的调查，可以从如下问题入手：

①公众对企业的印象是最好的、好的、较好的，还是差的、较差的、很差的；

②公众认为企业是一流的、二流的、三流的，还是根本不知道；

③如果公司发行股票，公众是一定买、可以买或不买，还是不知道；

④如果公司招聘员工，公众是一定去、可以去或不去，还是不知道。

通过上面四个指标，一般就可以了解企业的美誉度。

（4）企业形象评价度。企业形象评价度可以分为三个层次，即优秀企业形象、平庸企业形象和恶劣企业形象，通过对被调查者的提问可以大致了解。

①优秀企业形象：企业经营效率高，产品质量优秀，居同行业领先地位，产品价格合理，服务诚实可信，心中想着顾客利益，有令人感兴趣的广告。

②平庸企业形象：被调查者没听说过该企业，企业在被调查者心目中较普通，在同行中无足轻重，常发布一些让人生厌的广告，还没有证实自己。

③恶劣的企业形象：企业是污染源，不被被调查者信任，待人不友好，效率低，产品质量低劣，什么也不拔尖，常发布虚假广告，办事拖拉，店面脏乱不堪，唯利是图，服务不周，欺骗，墨守成规。

一个企业形象的优劣，主要取决于这个企业长期以来的经营行为和宣传行为。良好的形象一旦树立起来，它的作用有时将远远超过有形的固定资产。企业形象的调查还可应用“关键语法”。应用“关键语法”对企业的基本形象、市场形象、技术形象等进行调查，包含以下几点：

①基本形象：很安定，有社会责任，对社会贡献大，有人才，风气好；

②市场形象：有信赖感，有信誉，一流企业，大企业，规模大，很想买这家公司的股票，合乎时代潮流；经营者很有魅力，经营者优秀，商品依赖度高，品质好，有独特性，广告宣传好，善于塑造形象；经常组织文化活动，文化气氛好等；

③技术形象：有尖端技术，技术水准高，产品和技术领先时代，具有国际性，领导时代

尖端。

我们的调查可依据上述关键语，转换成可操作的指标，从正、负两方面展开调查。当然，调查时需要有选择地使用上述关键语。对于制造业来说，VI调查还需重点进行产品调查、营销调查和竞争企业的调查，这几方面的调查将直接关系到企业发展战略的制定。企业调查具体内容分类如表2-1所示。

表2-1　企业现状调查

类别	项目	调查内容
企业内部环境调查	企业自身形象分析	企业认知
		品牌认识
		整体形象
		辅助形象
		产品评估
	经营现状分析	财务状况
		组织结构
		市场营销
	形象传播分析	对外传达
		表现效果
		对内沟通
	理念现状分析	企业使命
		活动领域
		行为准则
企业外部环境调查	整体环境分析	国内、国际市场环境
		政治、经济、文化环境
	消费者分析	消费者对企业现有的产品与服务、企业形象的认知程度
	竞争对手分析	竞争企业的情报资料的收集与分析

3．品牌资源调查

品牌资源调查主要包括调查企业名称及其应用情况、产品注册商标及其使用情况，并对传播的效果进行评估。

4．视觉媒体分析

搜集企业自身的媒体现状和竞争对手的媒体现状并进行比较，分析企业的影响力，评估企业在公众心目中的形象。调研的内容要有针对性，对于新成立的企业，调研重点是本行业以及竞争企业的状况；对于已有一定形象历史的企业，除了要对自身形象的识别现状调研外，还应当对同行业及竞争企业形象识别现状进行调查，以便进行比较分析。

二、明确调研对象

不同的调研对象对企业的现状和运作状态有不同的了解，应寻找不同的企业关联者作为调研对象。调研对象一般为：

（1）企业内部——高、中阶层主管，一般员工；

（2）企业外部——生产合作厂商、经销商、代理商、消费大众、传播媒体。

三、确定调研方法

调研方法分为定性和定量两种形式，应视具体情况综合运用，通常使用以下几种方法：

1．观察调查法

观察调查法是调查者到现场直接查看倾听，一般是在调查对象毫无准备的状态下进行的，分为直接观察法、实际测定法和行为访录法。

2．问卷调查法

问卷可分为开放式为主的定性调查问卷和封闭式的、标准化的定量调查问卷两种。制定调查问卷前应当对相关资料有深入了解，确定调查的具体项目。发放问卷的调查方式成本低、发放量大、回收信息快，但回收率无法保证。然而，问卷的回收率直接影响着调研的准确度和质量。因此，问卷的内容设置和篇幅大小、调研对象的选择、调研人员的素质和技能水平等都是应当考虑的因素。

3．资料统计分析法

对收集和归类获得的企业相关资料进行统计分析，可得到有效的分析结果。通过各种形式的研讨，可以得出总结性的信息，进一步确认信息的真实性、客观性、完整性等，最终形成调研报告。这种总结性的陈述应该检查以下几个问题：

（1）企业的不同接触群体对企业的印象如何?

（2）形成这些印象的原因是什么?

（3）企业的目标与期望是什么?

（4）新的形象如何帮助企业实现目标?

企业形象建设涉及面广，应当根据导入CI的目的与动机，组织相关人员，制订调研计划，确立调研体系。设计调查工作应当由专业设计人员与企业内部人员共同完成。企业的决策层，尤其是决策者往往决定着企业的个性和发展方向，他们有着意图明确的主张，对CI的推行有着合理的动因。此外，应与CI有关的营销、设计、宣传、人事等部门的负责人员共同组成CI开发小组，协调各方关系并能较为准确地收集信息，这有利于后期工作的持续开展。

四、调查步骤与计划表制订

1．调查步骤

（1）建立理论设计方案，提出调查的假设、关键词、核心概念和主要指标等，确定定量或定性调查方法。

（2）设计问卷。运用定量的方式设计开放或封闭式问卷，问卷中涉及的问题要有针对性，一般都要经过初步设计、试用、修改等几个过程。

（3）设计访谈大纲。为了深入实地而建立必要的调查提纲，便于面谈和采访时提问、记录。

（4）调查实施。设计样本的选取、分发问卷、回收问卷，确定调查员和访谈调查几个方面。

（5）结果处理分析。

（6）完成调查报告书。

（7）提出总概念，制定VI策略。

2. 调查计划表的制订

由于市场调查工作涉及面广，需要多方配合，而且要求考虑周全，为此必须在实施调查之前，设计制订出具体的计划表。计划表的内容一般由三方面构成，即调查项目的基本目标、所要调查问题的要点说明及调查组织工作日程表的拟订。前两部分可以调查实施纲要的形式反映出来，而第三部分则应按照企业的总体规划要求并结合这一工作的需要而确定。企业实态调查工作，一定要严格按计划执行。计划的拟定，须由有经验的人执笔，相关人员商讨决定，以避免疏漏。

VI调查实施计划纲要是计划执行的依据，一般由调查计划、调查问题、统计计划、预算明细、调查实施与管理计划构成，其作业程序如下：

（1）为制订调查实施计划的预算做估计。

（2）调查实施计划的确认。

（3）对样本计划细目的检讨与决定。

（4）问卷的拟订。

（5）问卷的预先测试（如测试性访问）。

（6）根据预试结果对问卷进行审定。

（7）统计计划的拟定与审定。

（8）制订统计的要领。

（9）调查实施管理计划的审定。

（10）编制有关预算说明。

五、调查报告的归纳与撰写

1. 调查报告的归纳

调查者在掌握大量的调查资料后，除了进行知名度与美誉度的分析以及企业形象的要素分析外，更重要的在于拿出一份有价值的调查报告，这是调查研究的重要成果之一。在调查报告中要把了解到的所有企业形象状况、问题阐述清楚。调查报告书是对调查结果的总结，是企业形象策划方案的参考素材。因此，调查报告在形式上要简明扼要，不要罗列一大堆无关紧要的事实和数字，而要抓住关键点，有重点地进行分析、归纳。同时，一定要有积极的建议，以便影响领导者的决策。

对于处于特殊时期的企业，调查报告需归纳出：企业形象危机的原因是什么？并找出企业形象危机中的利害关系；引起企业形象危机的主要问题是什么？企业形象危机的问题发生在企业活动中的哪些环节？主要负责人是谁？哪些受众受到了影响？问题的起因和结果如何？暴露的企业形象危机对企业内部自身的影响程度如何？等等。

对于处于一般时期的企业，调查报告需归纳出：企业形象的美誉度和知名度如何？企业目前的形象要素对企业的发展是否有不利的影响，如何改进？公众对企业形象有何要求？对市场调查的结果进行分析筛选，归纳、撰写调查报告书，要找出企业在现代社会中的位置及需要完善的问题，调查者要有敏锐的洞察力，通过VI形象设计进行修复，使企业视觉形象趋于完美。

对企业形象的评价，应从商品的品质、价格、系列多样化、商品造型的感染力、科学技术的含量等进行分析；从商品的销售状况、营业员的业务素质、市场覆盖面的宽广度、销售服务网络及网络管理能力、营销策略、促销活动定位是否准确、运输供应是否流畅等进行分析；从企业形象的魅力，企业的标志，商标的美誉度、知名度，消费者的印象、回忆值，产品的市场前景和发展空间等进行分析。

通过以上的分析，筛选出合适的开发项目，实施企业的VI形象设计。

例如，中国银行VI设计前的调查分析：

（1）项目背景。中国银行是中国大型国有控股商业银行，同时也是中国国际化程度最高的商业银行。随着企业不断地发展壮大，银行迫切需要完善原有VI系统设计，增加新的创意元素，使企业的形象更加符合国际化大银行的气质。正邦创意公司凭借多年来服务金融行业的丰富经验获得了中国银行的信任，中国银行希望正邦能够为其量身打造一套完善的视觉识别系统。

（2）面临挑战。中国银行原有的VI系统电子文件已经丢失，同时，较早的VI系统需要进一步的整合提升，原有VI内容涵盖并不全面，正邦需要进行补充和完善，在不破坏原有VI系统的基础上增加更丰富的创意元素，令中国银行能够更加体现出国际化大银行的气质。

（3）解决方案。通过与中国银行企业内部多次的沟通探讨，力求为中国银行找出最能够体现其特点的视觉形象，正邦针对中国银行需求开发了多套辅助图形方案，从不同的设计纬度体现国际化银行的特征，对各个辅助图形都制定了明确的应用标准，以便于在各个环节中使用。

VI基础部分的设计秉持严谨、细致、周全的理念，力求制定出符合中国银行经营理念和使用范围的设计标准。在辅助图形设计中，将原有的红灰线条进行完善和优化，力求达到精致。在整个合作环节中，中国银行的领导对VI的把控也十分的认真细致，双方经常在讨论设计方向之余还针对手册当中文字叙述部分进行多次论证，力求让整本手册既能传达创意者的思想，又能使使用者通过VI手册了解企业文化，增强企业的信誉度（图2-1）。

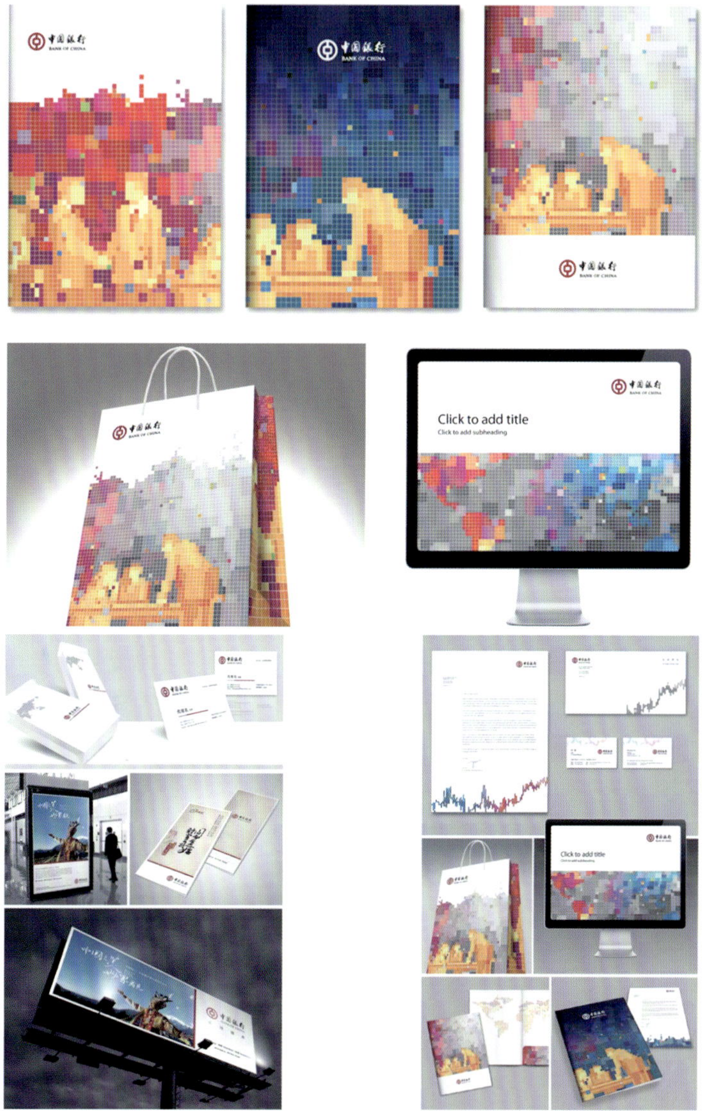

图2-1　中国银行企业形象设计

2．调查报告的撰写

撰写调查报告没有固定的格式，设计者应根据不同的写作目的和不同的材料，采用合理的结构形式。调查报告的结构一般应包括标题、正文和落款三个部分。

（1）标题。调查报告的标题一般有三种形式。

①说明式。直接点明调查的地点、对象和内容等，如《中国移动品牌现状调查报告》《海尔品牌魅力调查》等。

②提问式。用问句做标题，如《如何重振长虹品牌形象？》《TCL品牌形象好在哪里？》等。

③正副标题式。正标题揭示调查报告的内容或意义，副标题标明调查的对象、事项等，如《靠高质量低成本开拓市场——春兰集团公司调查》等。

（2）正文。正文一般包括如下内容：

①前言。前言也称调查报告的引语、导语。前言要求开门见山、言简意赅、统领全文。常有以下几种形式：

a. 简介情况。用简练的语言介绍调查的时间、地点、对象、经过和方法等基本情况，给读者一个总体印象，为正文作铺垫。

b. 点明主题。以简洁明快的语言直接点明调查报告的中心思想或结论，让读者从一开始就接触到问题的实质。

c. 说明意图。交代为什么要进行调查研究。特别是在写研究问题的专题调查报告时，在开头就要交代调查的根据、目的，调查的对象是否典型，以及在何时采用何种方法调查等，这样有助于读者把握调查报告的基本精神。

d. 提出疑问。开始就提出发人深思的疑问，以吸引读者。此种写法多用于典型经验和揭露问题的调查报告中。

②主体。这是调查报告的主干和核心，是对前言提出的问题加以分析和解决或对前言中概括的新发现、新经验进行具体的展开和说明的文字。对于内容丰富、情况复杂的调查报告，需精心安排文章的结构、层次，有序地表现主题。

③结尾。调查报告的结束语，要写得简单、有力、自然。或画龙点睛、深化主题，或预示未来、做出展望，或提出问题、启发思维，或指明方向、提出建议。如果在主题部分言足意尽，则不必写结束语。

（3）落款。调查报告要署单位名称或个人姓名，均可置于正文之后的右下方，也可置于标题之下。如需注明日期，则写在正文的右下方即可。

第三节 企业形象设计企划

一、形象定位

企业形象设计调研提供了CI开发的相关信息，这些信息反馈出的核心问题就是企业应该具有怎样的形象才能让大家满意。当然真正有价值、有创意、能体现差异性的CI概念最终还是来源于企业发展的本身。CI设计的确定之所以要借助于调查，是因为企业必须看清自身现状，只有在此基础上做出的决定才具备策略性和科学性。

在CI策划中，企业形象定位主要是指“识别性”的定位，重在体现企业的个性特点。形象竞争实际上是企业个性的竞争，缺乏个性与差别化的形象设计是没有价值的。企业的相互竞争主要体现于同一行业中。在考虑到行业特征的基础上，CI的定位应该更注重体现企业的个性、风格与追求。美国著名的品牌战略研究专家迈克尔·波特认为，差别化就是企业在“全产业范围内树立起一些具有独特性的东西”，如设计名牌形象、技术特点、性能特点、顾客服务、商业网络及其他各方面的独特性。因此，企业形象的差别化设计不仅有利于消费者的识别，也有利于表现企业的产品或服务等方面的独特性，增强大众对企业形象的认可度。企业形象的定位既要满足消费者的物质与精神需求，又要有别于同行业其他企业，甚至要占领人们心中目前尚处空白的位置。这不但是企业形象定位的难点，也是企业形象战略成功与否的关键。因此，企业应该根据自身的事业特点和更高层次的文化理念，来决定其独特的生存方式，并清楚地揭示其存在的意义，进而确立企业在消费者和社会大众心中的形象。

二、概念表述

形象定位是CI策划的个性化导向，而概念表述则是CI策划的指导方针。就CI的设计开发来说，CI设计的概念表述主要包括以下内容：

（1）实施目标。指明实施CI所要达到的预期状态。

（2）设计概念。概括CI设计所要表现的思想倾向，设定一个中心概念。

（3）关键语。提炼出核心的设计要素，用最概括的语言或若干词语来表达。

CI概念主要表达总体企业形象设计思想、战略方针与精神。CI概念是在对调查结果准确判断的基础上提出的，能提供有关CI活动的指导意见和未来企业形象建设的发展方向，是企业识别系统的核心。所以，企业的经营理念与CI概念是基本一致的，但CI概念作为实际操作的依据必须采取一种简洁明了的形式，并且有所侧重地表现出一定的特色。概念所提供的意向如果集中于某一点，将会形成最为强势的个性特征。用关键性的词语来表示企业或品牌的概念是CI概念表述的直观形式。CI概念可作为基础和准则，来引导CI设计具体项目的开发工作。

三、CI设计项目开发

调研、形象定位和概念设定的过程实质上是对企业整体形态和视觉形态进行梳理，对整体经营环境形成一个正确认识，提出企业未来远景构想的过程。在此过程中，现状与应有状态之间的差距逐渐清晰。为缩小这一差距而采取的系统设计工作就是CI设计。

CI设计的具体工作就是以CI概念为核心进行的具体项目规划与实施。企业形象识别系统的开发是一项长期而复杂的大型工程。同时，视觉形象设计也是CI设计项目中最为庞大和复杂的工程，从设计到实施要经历一个相当长的过程。CI设计项目开发通常先从视觉识别设计开始。

企业视觉识别设计要以CI概念为理念，根据企业经营活动现状，设计出用于交流的视觉识别符号，以刻画企业个性、传达企业的经营理念和信息。所以，视觉形象设计的着眼点是所要表达的概念，即从“精深、理论的言辞表现”转变为能够让更多的人理解的、视觉化的符号，转变为具体的设计要素，实现视觉的图像表现，进而形成企业的标志以及以标志为核心的企业视觉识别系统。

企业标志是对设计概念创造性的表达。从某种角度说，企业标志也是包含了人类普遍价值观与情感体验的视觉语言。需要注意的是，要确保没有与标志最终设计方案类似的设计，在注册商标时避免类似设计的知识产权纠纷。

四、企业形象设计案例

以同仁堂品牌形象策划设计为例：

1．企业原有定位

企业原有定位及宣传语如图2-2所示。

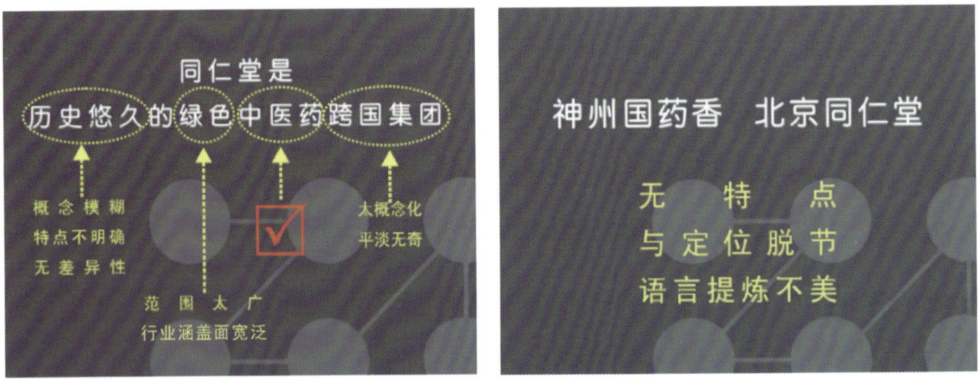

图2-2　同仁堂品牌原有形象定位及宣传语

2．调整后重新定位

（1）重新认识市场，明确企业优势。

①市场状况。a．西药市场的份额大大高于中药；b．一些中药企业纷纷向西药转产；c．现代人对中药认识不够；d．中药有其自身优势未被挖掘，如安全、无毒副作用等。

②竞争对手。a．北京同仁堂创建于公元1669年，距今349年；b．湖南九芝堂创建于公元1775年，距今243年；c．重庆桐君阁创建于公元1908年，距今110年。

③消费者行为。a．对同仁堂的品牌信得过；b．对同仁堂药的疗效信得过。

④企业本身。a．同仁堂是始终以中医药为主的向中药现代化转变的企业；b．九芝堂是以中成药为主，努力向生物制药、西药等领域拓宽的企业；c．桐君阁是以中药为主，向西药等领域发展的企业；d．同仁堂的药方储备极丰。

企业优势：历史最悠久的中药品牌，坚持发展中医药、弘扬中药文化，是信誉一流的企业。

（2）根据分析与筛选得出唯一、排他及最具优势的定位和宣传语，如图2-3所示。

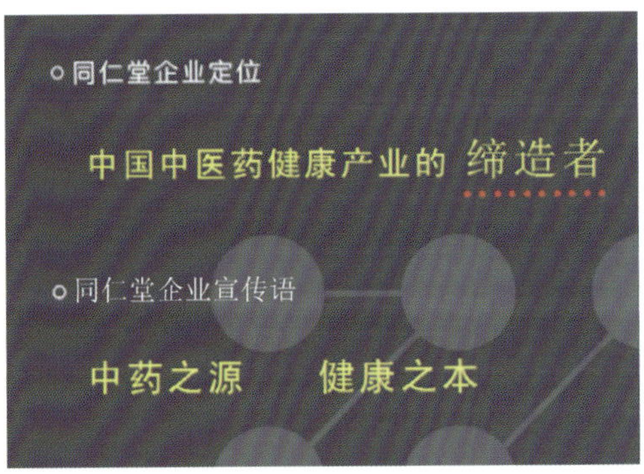

图2-3　同仁堂品牌形象设计

①提出企业现阶段问题：

a. 品牌形象传播不到位，不统一。

b. 没有完整的视觉导视系统。

c. 连锁店产品包装作为品牌传播的窗口形象不统一，不符合定位。

d. 没有让消费者体验到国药的魅力。

e. 对潜在客户挖掘不够。

②针对问题做出分析。围绕新定位及宣传语做出一系列的改进与调整，如图2-4所示。

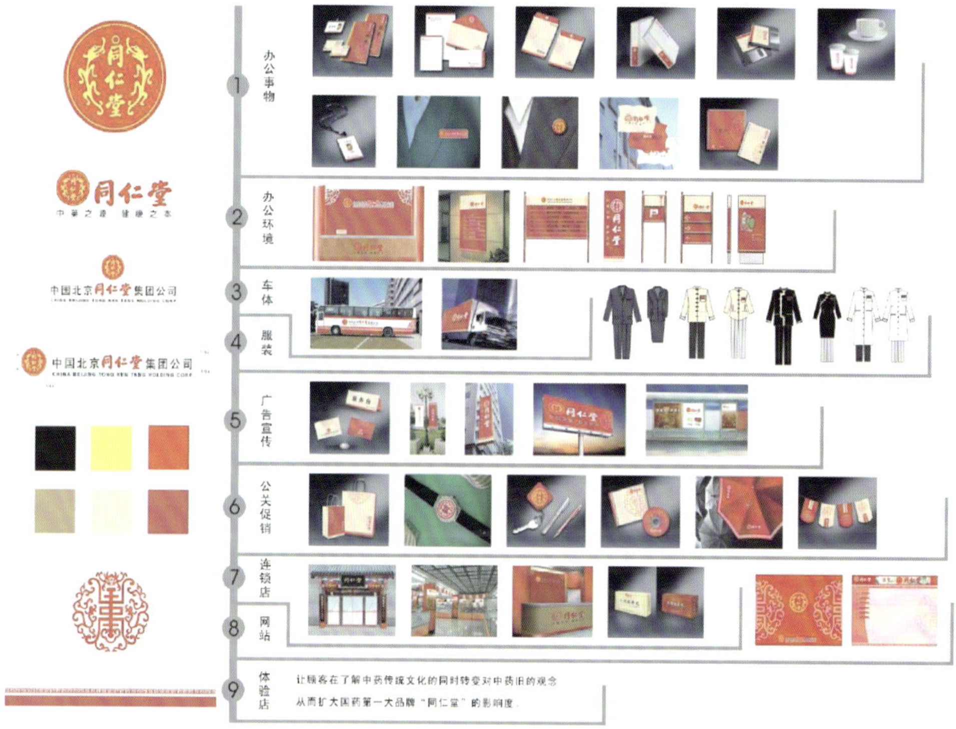

图2-4　同仁堂品牌形象设计

③完善同仁堂企业形象基础部分设计（图2-5至图2-13）。

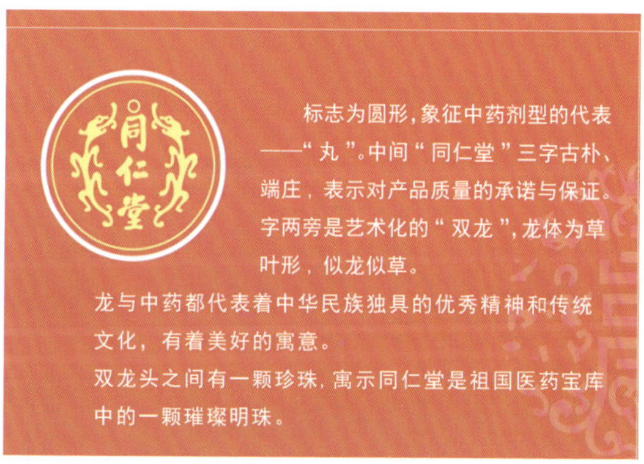

图2-5　同仁堂标志释义

图2-6　同仁堂整体商标

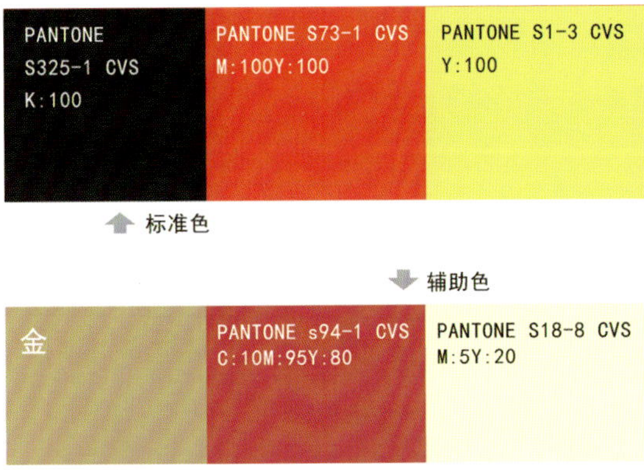

图2-7 企业标准色及辅助色

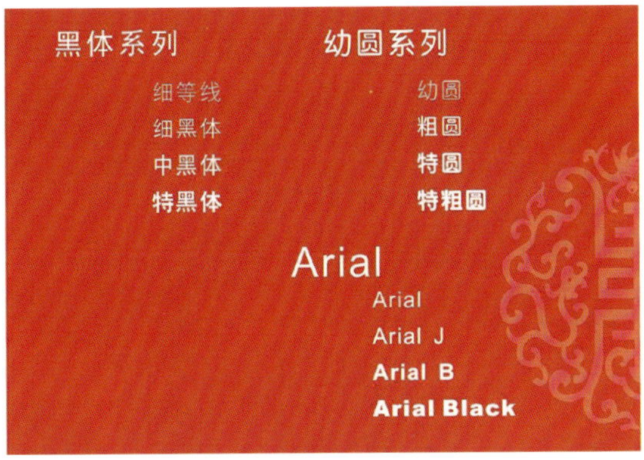

图2-8 企业标准字体

图2-9 标志组合

图2-10 同仁堂图标解析

图2-11 同仁堂图标说明

图2-12 同仁堂图标组合

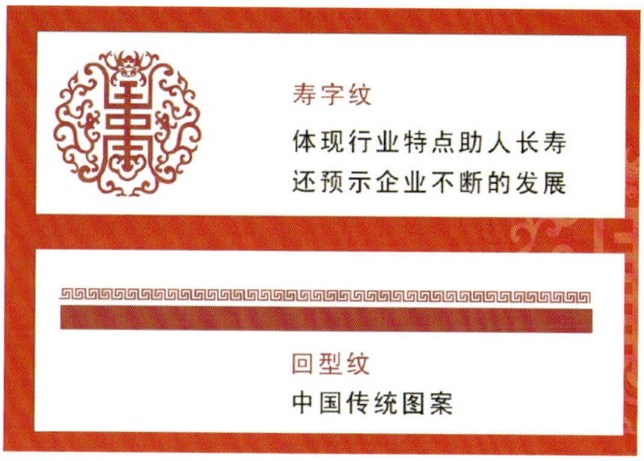

图2-13　辅助图形

④完善同仁堂VI应用系统设计（图2-14至图2-26）。

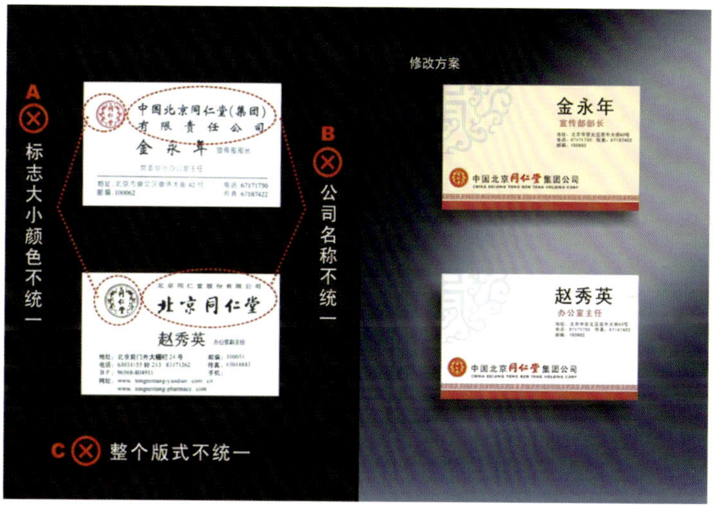

图2-14　名片修改方案

图2-15　办公用品

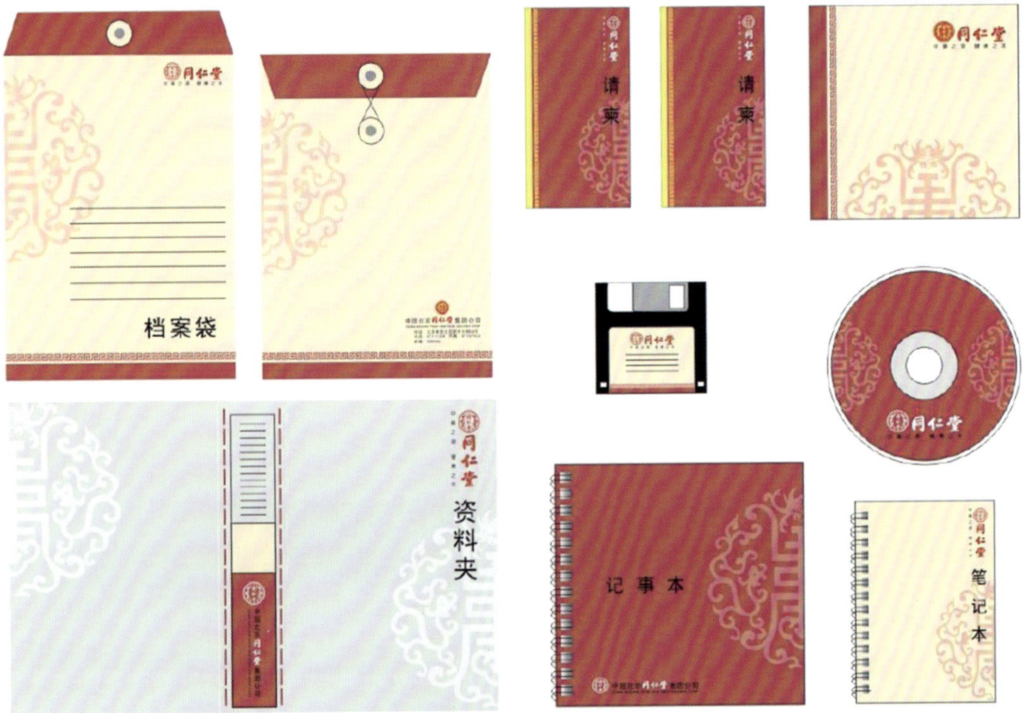

图2-16　办公用品

图2-17　商务用品

图2-18　车体

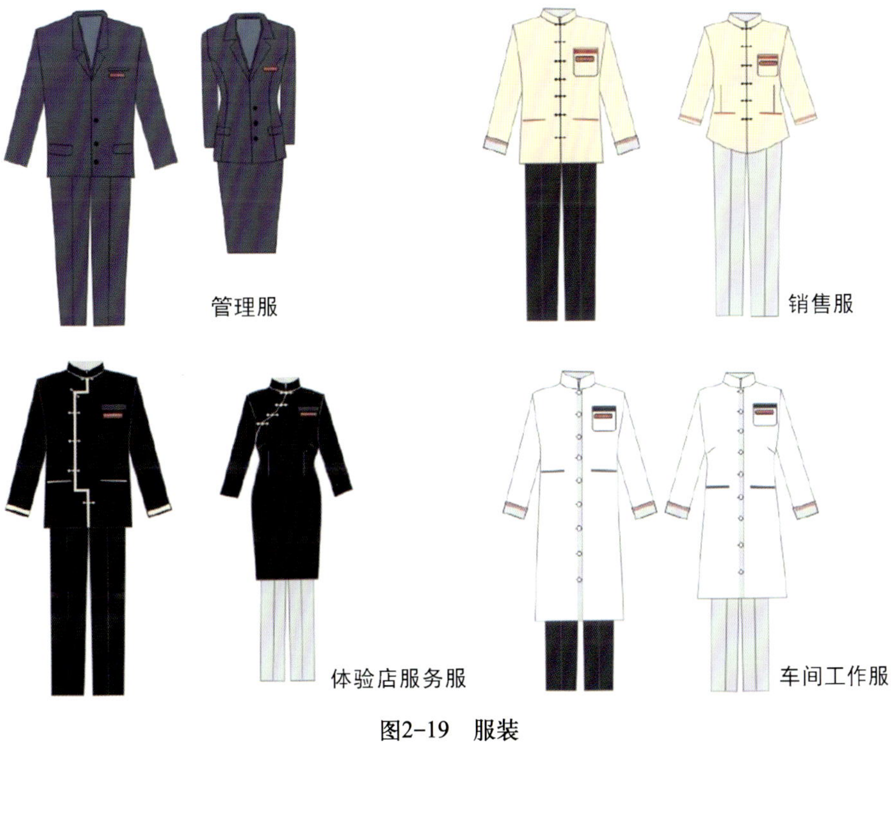

图2-19　服装

图2-20　宣传旗

图2-21　室内环境

图2-22　室外环境

图2-22 室外环境（续）

图2-23 网络演示

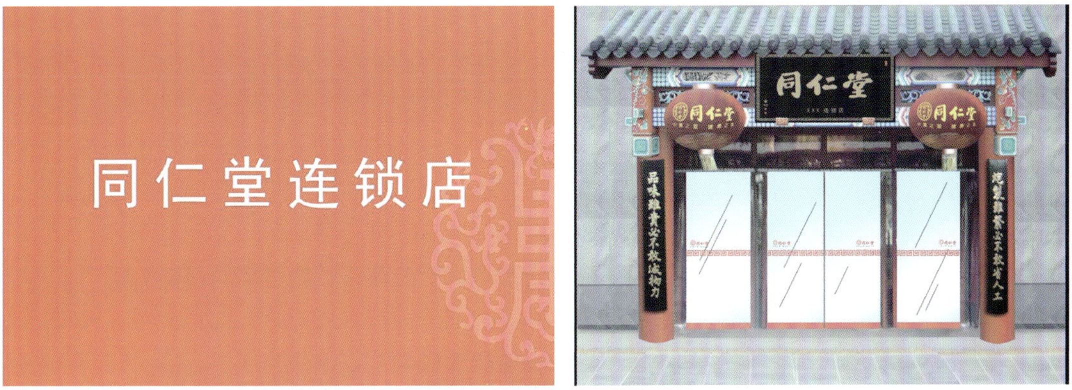

图2-24　连锁店门头

图2-25　包装修改对比

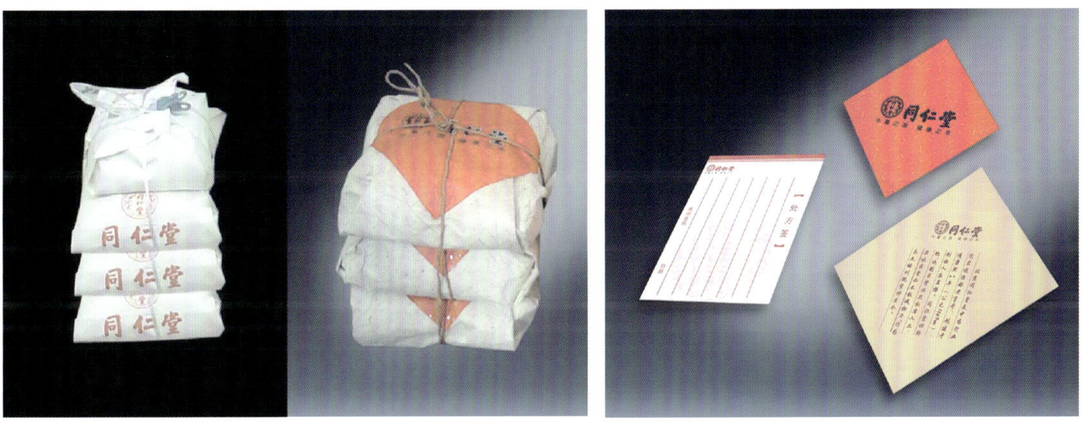

图2-26　中药包装

⑤规范店内服务人员行为。

a. 形象。着装统一、整洁。

b. 表情。微笑、亲和。

c. 态度。热情、谦逊、精神饱满。

d. 语言。清晰、标准的普通话，要用规范的文明用语，如见到顾客要说“欢迎光临同仁堂”等。

e. 技能。服务人员要有非常娴熟的专业知识，可以随时解答顾客提出的任何问题。

⑥调整店内设施及布局（图2-27）。

a. 服务台。位置设立在一进门的右手位，方便顾客咨询。

b. 店内都要划分为三个区域，分别为同仁堂中成药专柜，同仁堂中草药专柜 、中医坐堂诊疗区和代售西药及保健品专柜（收银台在此区）。

图2-27 店内设施及布局

第三章 设计篇

第一节 视觉识别系统设计概述

视觉识别设计是企业理念表达的重要载体，是企业个性的重要表现，因此其成为CI设计的核心和重点。CI设计的开发作业中，以标志、标准字、标准色的创造最为艰巨，是整个CI识别系统的核心，也最能表现设计能力。

视觉识别系统并非简单的视觉表现手段，它是建立在视觉传播理论、视觉传达设计和视觉传播媒体控制管理的基础上的一项系统的科学的传播工程。将企业的信息概括、提炼、抽象并顺利转换成企业视觉符号，是整个传播工程的关键。

一、视觉识别系统设计的基本工作流程

1. 情况了解

情况了解即通过访谈、走访、考察、资料收集、分析等形式对委托设计的企业做尽可能深入的了解，以便寻找设计修改依据，启发设计理念的产生。

2. 调查分析

根据企业所属行业、产品等特点，对同行业标志进行收集整理，寻找差异，形成设计思路。

3. 设计提案

以分析思路为依据，设计若干套备选标志，并说明每套标志的设计思路。然后根据企业的

项目定位对标志进行修改，重新设计中、英文标准字。

4. 设计报价

企业与设计公司达成初步共识的情况下，企业做出设计预算，设计公司提供设计报价。双方确定设计费用后，签订委托协议，开始设计工作。

5. 方案修改

正式的工作开始，展开设计，企业与设计公司就思路统一的意向性提案进行反复论证、修改，并明确整体设计的确切含义。

6. 精致绘制

整体设计确定后，设计师对基础要素造型做最后的视觉修正，规定标志、标准字体、标准组合等运用尺寸，并做出标准化制作图。

7. 校对装订

根据具体项目、具体需求装订手册。

二、视觉识别系统设计的创意重点

视觉识别系统更直观地触及人们的眼睛，所以设计更具有直观性、实用性。VI设计一定要从实际出发，切忌盲目跟风而不考虑其他因素。实际设计的背后也体现一种现代“创意”，即注重寻求新颖、独特的某种意念或构想，创造出意念、意趣和意境。

1. 创造意念

VI的功能特点就是传播，所以在制作的时候既要考虑创意，也要考虑简单易懂。不管追溯到哪个时期的VI设计，它们都将经历由繁到简的过程，如今更是需要少即是多的设计理念。

VI的设计与制作过程也是设计者自我教育、自我学习的过程。VI的整体设计更具有系列化和整体感，所以在VI设计制作过程中，要不断地解决各式各样的问题与难点，从中领悟很多模糊的定义。学习了VI制作的基本原则与方法，在设计的过程中才能不断地挖掘出新的创意。

2. 创造意境

VI中有很多人们熟悉的、喜欢的范例，要利用它们诱发创作的动机，让创作出来的VI在视觉上传达给他人不一样的信息和感受，从而使他人产生各式各样的联想。设计的前期要欣赏各种同行业的VI、翻阅各种书籍、搜索各大网站，诱发出丰富的想象力、创造力，从而创造出优秀的作品。脑力激荡发散式思维联想设计有助于设计者创造出更有意境的设计作品。

3. 创造意趣

VI要有一定的趣味性、差异性。由于VI的创意空间广阔，能大大增加设计表现的灵活性与趣味性，所以我们要充分利用这个趣味空间来发挥广阔的想象，使受众在各种创意构思中领会到VI的奥秘，享受创造的乐趣，在自由的空间愉快地掌握知识。

VI设计由基础设计和应用设计两部分组成。基础设计部分作为设计的基本要素，其内容最终是为应用设计服务的，基础设计有助于本品牌更大限度的发展。应用设计部分使基本要素的应用具有一系列易于操作与管理的标准化模式，设计目标是使形象要素有效地配合企业行为，最大限度地运用好企业内、外各个层次的视觉接触面。

三、视觉识别系统设计的原则

1. 个性化原则

在设计中关注个性化才能更好地突出设计。设计者应着重关注行业个性化、企业个性化、消费者个性化，做出适合自己又与众不同的设计方案。个性化体现了设计的风格，个性化的设计更容易被记忆。

如图3-1所示，“一碗面”面食连锁是陕西良农集团下属餐饮品牌，立足于打造宝鸡本地面食第一连锁品牌。设计小组在项目设计进行之初对宝鸡面食市场进行了大量的调查研究，发现宝鸡本地面食市场存在市场混乱、没有形成品牌规模，或是现有面食连锁品牌推广不规范等诸多问题，针对宝鸡面食市场存在的问题，设计小组确定了以粗犷、原始、突出本地特色为主的视觉表现风格，在项目设计的过程中始终以消费者最终用餐体验为检验标准，几易其稿最终确定设计方案并得到了客户的认可。

图3-1 “一碗面”视觉识别形象设计（设计者：周五下午）

千家寨，地处北纬24° 7′ 东经101° 14′ ，海拔2 100～2 500米。千家寨古茶树群落总面积达28 747.5亩（1亩≈666.7平方米），分布在哀牢山国家级自然保护区的原始森林中。千家寨野生古茶树群落是全世界目前所发现的面积最大、最原始、最完整、以茶树为优势树种的植物群落。根据这些特点，设计者为千家寨古树茶设计了如图3-2所示的颇具特色、极具神秘色彩的视觉识别形象。

图3-2 “千家寨”视觉识别形象设计（设计者：田边汉——你好大海品牌设计创意总监）

2．原创性原则

VI设计的目标是在公众心里塑造企业的独特形象，以提高企业的知名度。独特的企业形象必须是原创的设计作品。企业设计中的名称与标志均需要通过注册方可使用，因此在设计制作中保留设计的原创性是必须要遵守的原则。在设计实践中往往会对其他经典设计有所借鉴，但在设计中要保留个人独特的创意风格。如图3-3所示即是设计者借鉴国家海洋博物馆的标志融入自己的风格设计的一组VI作品。

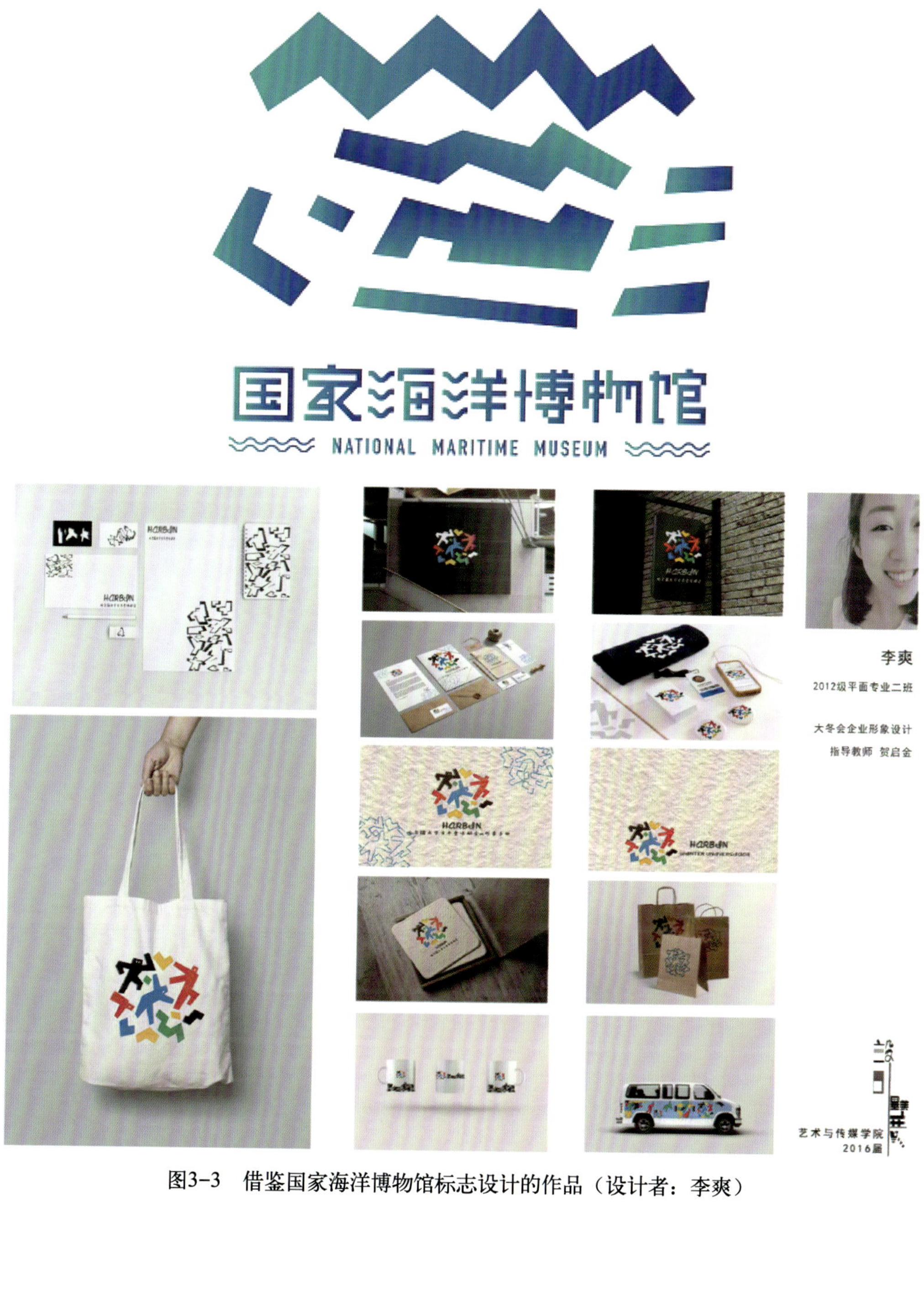

图3-3　借鉴国家海洋博物馆标志设计的作品（设计者：李爽）

3．标准化原则

标准化原则指设计的品牌名称、标志、标准色、包装等必须有统一的标准，不能随意采用和变动。

4．统一化原则

统一化原则指应该运用完美的视觉一体化设计，将信息与认识个性化、明晰化、有序化，把企业在各种形式传播媒体上的形象统一，集中与强化企业形象，使信息传播更为迅速有效，给社会大众留下强烈的印象与影响力。

5．系列化原则

系列化原则体现在企业的VI策划是一项系统工程，要包含企业在经营理念、营销策略、经营目标、公共关系等多领域的视觉体现。

6．法律化原则

法律化原则体现在VI设计应充分符合国家的商标法、知识产权法等法律规范，要善于运用法律所赋予的权利对侵权行为给予坚决的回击，以保护自己的权益不受侵犯。

第二节 视觉识别系统的基础设计

一、基础要素包含的内容

1．企业标志

企业标志及标志创意说明页、标志墨稿及标志反白图、标志标准化制图、标志方格坐标制图、标志预留空间与最小比例限定、标志特定色彩效果图。

2．企业名称与标准字

企业全称中文字体、企业简称中文字体、企业全称中文字体方格坐标制图、企业简称中文字体方格坐标制图、企业全称英文字体、企业简称英文字体、企业全称英文字体方格坐标制图、企业简称英文字体方格坐标制图。

3．企业标准色（色彩计划）

企业标准色（印刷色）、企业辅助色系列计划。

4．企业造型（吉祥物）

吉祥物彩色稿及造型说明、吉祥物立体效果图、吉祥物造型单色印刷规范、吉祥物展开使用规范。

5．企业象征图形

象征图形彩色稿（单元图形）、象征图形延展效果稿（四方连续）、象征图形使用规范、象征图形组合规范。

6. 企业专用印刷字体

中文专用印刷字体规划、英文专用印刷字体规划。

二、基础要素设计要点

1. 标志的设计

（1）标志与标识。标志——象征（Symbol），是一种象征某一集团、活动、事件、企业或产品的形象，它是一种形象化的表现形式，但它不包括字体形式。标识——标语（Logo），标志的第二种类型，标识文字用来清楚说明集团、活动、事件、企业或产品名字的独特字形或字体，它是在标志出现之后才发展起来的。

标志是一种图形传播符号，它以精练的形象向人们表达一定的含义，通过创造典型性的符号特征，传达特定的信息。标志是企业形象设计的核心元素，在标志设计的过程中要考虑到设计的延展性。标志要有好的延展性，可以和辅助图形乃至标准字体等元素紧密联系，使得设计协调整体。

（2）商业性标志。“TM”常见于国外商标，它是英文“Trade Mark”的缩写，“Trade Mark”的中文意思是“商业标记”，所以“TM”的意思就是“商标”，它的作用就是告诉人们，所标注的图形或文字是这个商品或服务的商标，不是名称也不是广告宣传。“R”是英文“Register”的缩写，“Register”的中文意思是“注册”，商品或服务打上这个标记，就是告诉人们，它所标注的图形或文字不但是商标，而且还是注册商标，受到国家法律的保护，未经授权，其他任何个人和组织都不能擅自使用。“TM”是商标标识，“R”是注册商标标识，二者受法律保护的力度是不同的（图3-4）。

图3-4 “TM”与“R”标志设计

在商标还未成为注册商标的时候，标注“TM”标记，这样做就是告诉公众，这个图形或文字是作为商品或服务的“商标”使用的，这样可以避免它所标注的图形或文字流入公用领域，而不能申请成为注册商标，享有专用权；同时，打上“TM”标记，也可以作为使用该图形或文字作为商标的证明，申请注册商标时，享有优先使用的权利。

经过注册的商标，受法律保护，可分为企业标志和商品标志。商业标志的要求是：商业性（传达商家、产品的内在属性，如IBM、耐克标志等）、个性（能在众多的企业、产品中脱颖而出）、可复制性（标志被使用在各种各样的场合，要求可放大、缩小、立体化，灵活使用）。可复制性是对标志的严格要求，需制定严格的规范。

①企业标志（企业品牌标志）。企业标志是企业形象的体现方式之一，把企业的性质、经营理念、规模及产品的主要特征等信息整合传递给公众。同时，企业标志也能体现企业的综合实力（图3–5）。

图3–5　一汽大众标志

②商品标志（商品品牌标志）。商品标志（商标），既是产品的代表和象征，也是产品信誉的保证（图3–6）。

图3–6　别克汽车标志、雪佛兰汽车标志

③企业与产品为一体的商标。这既是公司企业的标志，又是企业产品的标志，具有企业品牌与产品品牌的双重价值（图3–7）。

图3–7　康佳集团有限公司标志

（3）标志的标准化绘制。

①方格标示法。在正方格线上配置标志，并详细说明格子的具体单位等信息。

②比例标示法。以图案造型的整体尺寸作为标示各部分间比例关系的基础。

③圆弧、角度标示法。为了说明图案造型与线条的弧度和角度，以圆规、量角器等标示出各种要素的正确位置，作为辅助说明的有效方法。

上述三种标志制图法，也可以综合使用以达到最理想的绘图效果。一切标准绘制都要以数值为前提，尽量使各个尺寸单位能快速运算，以方便作业（图3-8）。

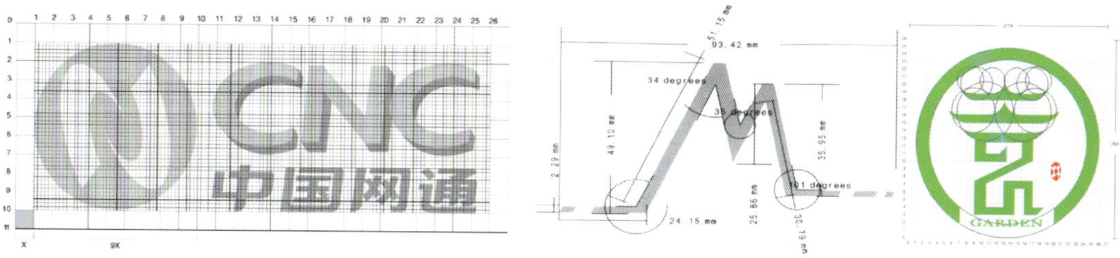

图3-8　标志的标准绘制方式

（4）标志的缩放规定。因为标志出现的频率高，应用范围广，较其他基础要素应用频繁，所以对于标志设计展开应用的细节要制定严谨的规定，以确保标志的完整性以及在灵活应用中正确体现设计的理念。

标志应用在其他业务用品上常常需要缩小，如应用在信封、名片、信纸、标签等实物上。很多设计师经常没有注意到这一点，即他们在设计标志时常将标志放得很大，这样做出来看起来很美，但不要忘记，标志做出来还要应用在很多小物品上。标志无论是应用在户外广告牌上还是在名片上，都要表现良好。如果一个标志里面有太多细节，当标志缩小时，这些细节元素将会显得模糊不清，因此，更少的细节使标志在缩小时仍然具有更好的表现能力。

（5）标志变体设计的规定。标志应用的范围非常广泛，出现在印刷媒体上的频率极高。因而在标志设计中要针对印刷方式的不同或印刷技术在作业程序上的限制，制作各种变体设计来适合不同的印刷媒体（图3-9至图3-12）。

图3-9　两款不同的IBM笔记本电脑

图3-10　Polskie电台标志

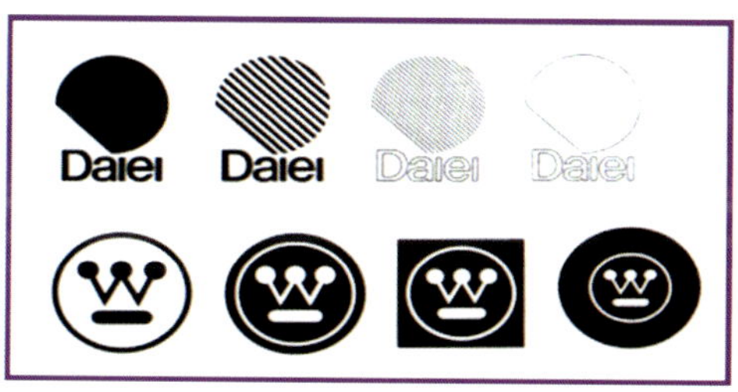

图3-11　日本大荣公司标志

图3-12 美能达公司标志缩小使用时的造型修正规定

标志的变体设计以不损坏原有标志的设计理念和总体的标准形式为原则，可以灵活应用标志的延展性。一般标志的变体设计有以下几种形式：

①线条粗细变化的表现形式。

②彩色与黑白的表现形式。

③正片与负片的表现形式。

④虚线空心体、网纹、线条等表现形式。

视觉修整，当标志被放大或缩小到一定程度时，可能由于视觉差异或制作工艺的影响而显得不大一致。例如，由于色彩属性的差异，同样粗细的线条，当浅色线在深色底上时，就显得比深色线在浅色底上粗些；当标志缩得很小时，在印刷中由于油墨的“溢墨”现象，一些细小笔画会变粗，影响标志中的正负空间节奏。为防止这种情况出现，日本美能达公司规定其标志缩放使用时要将原有标志中央细线的粗细、数量加以修正。此外，味全公司也规定其标志在15毫米以下使用时要进行变体设计，以防止标志中圆圈间的间隙粘在一起，让人产生圆圈重叠的错觉（图3-13）。

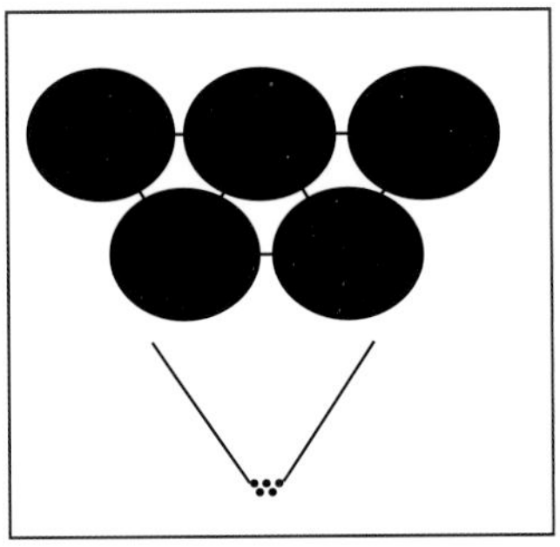

图3-13 味全公司标志

（6）标志与基础要素的组合规定。基础要素经过组合应用，成为系统化的作业，可以为日后的应用要素设计提供统一标准。在基础要素组合中，以标志与公司名称、品牌名标准字的组合居多，应用也最为广泛。

基础要素的组合可以根据设计项目的规格尺寸、编排位置、排列方式等方面进行，并以此确定基础要素的组合方式，如横排、直排、大小、方向等。设计时要求标志与基础要素构成结构上的均衡感，获得合理的比例及协调的空间关系（图3-14）。标志与基础要素的组合系统有如下几种：

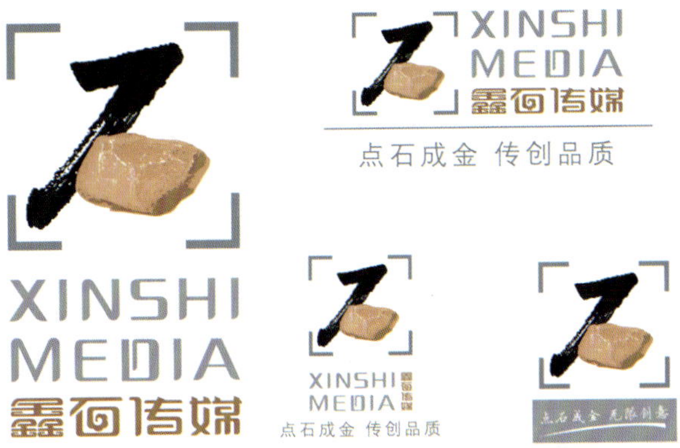

图3-14 标志与基础要素的组合

①标志与公司名称、品牌名标准字的组合单元。

②标志与公司全称标准字的组合单元。

③标志与公司名称、品牌名标准字以及企业造型的组合单元。

④标志与公司名称、品牌名标准字，以及企业口号、宣传标语的组合单元。

⑤标志与公司名称、品牌名标准字，以及公司全称、公司地址、联系方式的组合单元。

2. 标准字体的设计

（1）标准字概述。企业标准字由于使用和出现的频率较高，其设计重要程度不亚于标志。标准字是根据企业品牌名称，活动的主题与内容精心创作的，对于字间的宽幅、笔画的配置、线条的粗细、造型等要做周密的规划，以取得平衡的空间、和谐的结构，具有识别性、易读性、造型性、延展性、系统性。

标准字体与标志一样，要能够反映企业的特点和风格；要保持中英文在形式上的一致性，既可以协调统一，也可以对比互衬；字体形式不要太过求异，如果让人难以辨认，就起不到以文字语言传递企业信息的作用了。

企业标准字主要分为字体标志（Logo Mark）、品牌名称标准字（Brand Logotype）、产品名称标准字（Product Logotype）、活动标准字（Campaign Logotype）、标题标准字（Title Logotype）。

（2）标准字的设计步骤。

①确定造型。首先确定字体的整体形态特征，如是方正、长体、扁平、斜体，长、短、高、矮、方、圆等。

②配置笔画。空间架构、字形大小及笔画粗细的配置要均衡协调；单个字与多个字的关系、单个字的黑白关系要清晰明了。中文字，如“国”“田”顶天立地封闭式的应缩小，笔画少的字应放大。配置方法有硬性处理、柔性处理、图案化处理等，具体形式有粗细形、线端形、弧线曲度形等。

③字体统一。可以通过线端形式与笔画弧度的表现来统一字体。要讲究字组的整体协调性。

④排列方向。字体排列方向主要分为横向排列和纵向排列。

应注意，一要慎用斜体字，二要少用连体字。

（3）标准字的特性。

①独特性。标准字的独特性对企业形象的宣传和美化有很大作用，标准字的独特风格会给社会公众留下深刻的印象。

②易读性。标准字必须具备明确的信息传递功能和易读性，才能富有高速快捷的传播效果。

③造型性。造型性是标准字设计的重要标准与要求。标准字的设计成功与否，造型表现占决定性的因素。

凡企业名、品牌名和产品名等，均应特别设计标准专用字体，除出现于印刷内文中必须使用统一的印刷字体外，原则上不得使用非专用化的通用字体（图3-15、图3-16）。

图3-15　企业标准字体

图3-16　企业标准字体软件绘制方式

设计时一般可参考如下原则：女性化妆品一般采用秀美、纤细的字体，体现女性温柔细腻的特点；重工业用品用粗壮的黑体较为适宜，以体现力度和牢固度；儿童用品字体要活泼欢快，略显稚拙，以示童心的天真烂漫；一般手工艺品采用风格各异的书法字更能显示意趣；电子产品、时装产品等应配上有现代感的字体。

（4）标准字的类型。标准字一般有装饰性标准字、书写体标准字、英文标准字等类型（图3-17）。

装饰字体：精密、整齐

书写体（书法、手写体）：自由、生动

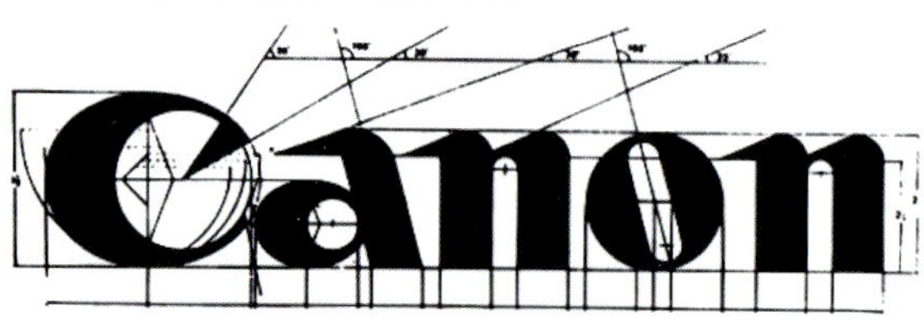

英文标准字体：便于与国际接轨

图3-17　企业标准字类型

（5）标准字的标准比例。标准字设计与标志类似，同样应遵循一定的比例（图3-18）。

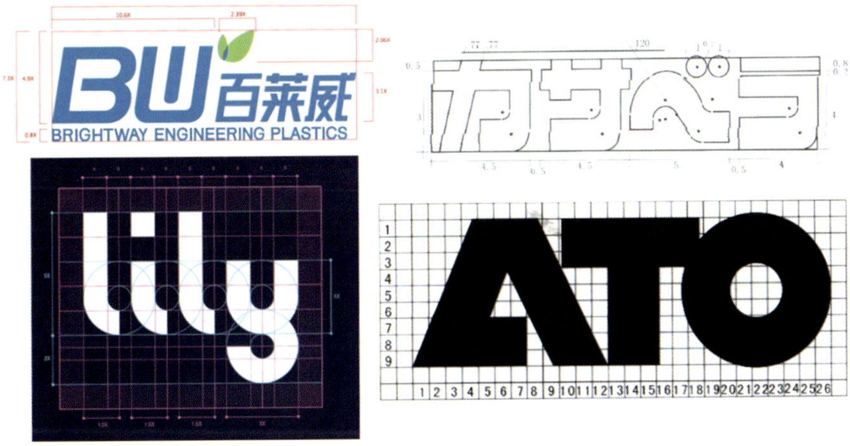

图3-18　标准字体的标准绘制方式

（6）标准字的组合关系。标准字常与其他各种视觉要素组合使用（图3-19至图3-21）。

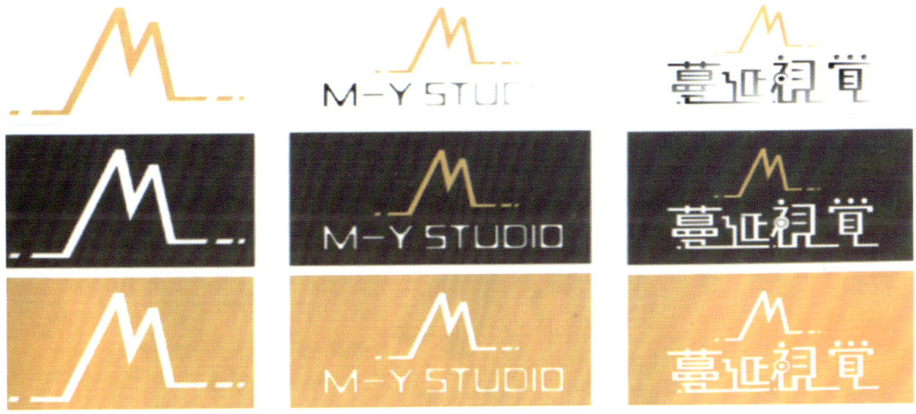

图3-19　蔓延视觉标志与标准字体组合

图3-20　七日情巧克力标志与标准字体组合

图3-21　原品轩茶楼标志与标准字体组合

（7）标准字与一般字体的区别。标准字与一般字体的最大差别在于造型外观不同，标准字具有特定的配置关系。标准字是根据企业名称、品牌名称等内容精心设计的，与一般字体相比，其在配置关系上经过了视觉修正，达到了空间均衡与结构和谐，具有独特的美感和造型效果。

（8）印刷字体。为适应印刷技术的需要，这些字体在形态、比例、粗细和装饰上按照一定的规格设定，以便于字与字之间的配列与排版。由于印刷字体必须适用于大众传播的内容，因此，在造型上注重普遍性与规格化。

印刷字体是标准字体设计的一个重要组成部分，两者之间有着千丝万缕的联系。

印刷字体与设计字体最显著的区别在于：当印刷字体以文本形式为主要传播功能时，则更强调视觉的适用性与标准性（图3-22）。

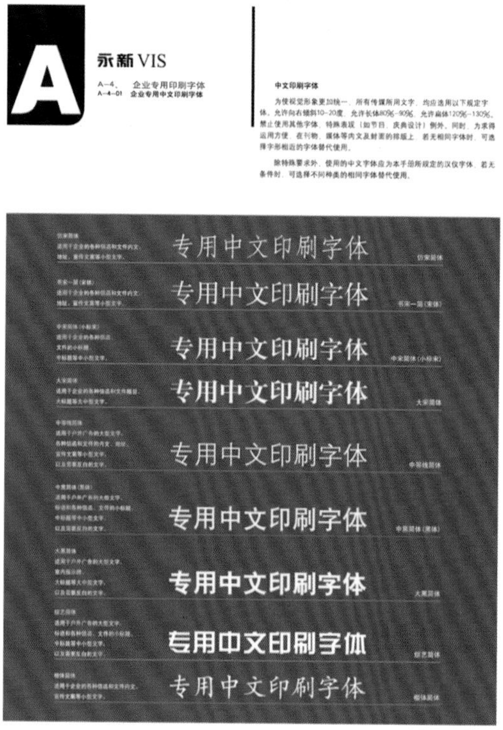

图3-22 印刷字体

3. 标准色和辅助色的设计

当我们拿着图片快速移动时，能给人留下记忆的只有色彩，这体现出色彩是视觉设计中最重要的元素之一。每个人都有适合自己的服饰与妆容，一个企业也有适合自己的固定的色彩。

（1）标准色。企业标准色的设定有利于塑造企业形象、明确告知生产与服务的特定内容、强化企业的市场竞争战略。

①色彩的三属性。色彩的三属性是指色彩具有的色相、明度、纯度三种性质。三属性是界定色彩感官识别的基础，灵活应用三属性变化是色彩设计的基础。

色相是指色彩的相貌，在色彩的三种属性中，色相被用来区分颜色。根据光的不同波长，色彩具有红色、黄色或绿色等性质。黑白没有色相，为中性。

根据物体的表面反射光的程度不同，色彩的明暗程度就会不同，这种色彩的明暗程度称为明度。在孟塞尔颜色系统中，黑色的绝对明度被定义为0（理想黑），白色的绝对明度被定义为100（理想白）；而相对明度就如通常我们所看到的字黑被定义为5，纸白被定义为95；其他系列灰色则介于两者之间。例如，印刷品以字黑为最黑，以纸白为最白（因为在纸上留白不印任何色彩）；但与理想白与理想黑相比，一张微黄的纸张其Lightness 100可能仅为Brightness 90，而非如理想白一样白；其Lightness 0可能为Brightness 10，而非如理想黑一般黑。

纯度指的是色彩饱和程度，光波波长越单纯，色相纯度越高，相反，色相的纯度越低。色相的纯度显现在有彩色里。在孟塞尔颜色系统中，无纯度被设定为0，随着纯度的增加数值逐步增加。

②色彩的具体联想与抽象情感。暖色包含红、橙、黄以及这三种颜色的变种。它们分别是烈焰、落叶以及日出和日落的颜色，它们通常象征活力、激情和积极。红色是积极向上、喜庆、热情、奔放、激情、斗志、温暖的颜色。红和黄这两种颜色都属于三原色，而橙色则处于两种颜色之间，这意味着红色和黄色是真正的暖色，没法通过混合一种暖色和冷色而获得。在设计中可使用暖色体现激情、快乐、热忱和活力的主调（图3-23）。

图3-23　暖色

红色是一种观感非常强烈的颜色，易使人联想到烈焰、暴力战争，也易使人联想到爱与激情。在古代，它既与恶魔有关，也与爱神丘比特有关。实际上红色会给人带来身体上的反应，提升血压和呼吸频率。也有资料表明，它可以加快人体的新陈代谢。

在设计中，红色是一种很重的色彩，如果使用过多，会产生一种压倒性的感官效果，尤其是在使用纯红色时。如果设计师想在设计中添加一种力量和激情的感觉，红色就是一种非常不错的选择。浅红更能体现活力，深红则更能体现力量和优雅的一面（图3-24）。

图3-24　红色在企业形象设计中的应用（设计者：Polygraphe——设计之家网站）

不同的红色给人带来的心理感受也会不同，暗红色给人有力度和优雅的感受，是红酒的色调，给人以高端的视觉享受；红色与黑色搭配是一种经典色调，给人强烈的视觉冲击力；中国红给人以充满活力和运动的感觉。

橙色给人食欲、华丽、辉煌、欢乐、温暖的感受，是三原色中两个暖色的结合。橙色是暖极色彩，适合餐饮与食品类，是激起食欲最好的色彩（图3-25）。

图3-25　橙色在企业形象设计中的应用（花瓣网站　设计者：山东乐展标识有限公司）

在某些场景中，黄色是警惕的色彩，因为黄色的明度最高，容易引起人的注意。不同的黄色给人的感受不同，深黄色古朴，浅黄色轻快、希望、活力、青涩（图3-26）。

图3-26　黄色在企业形象设计中的应用（花瓣网站）

黄色被认为是最明亮、最具活力的暖色，它让人联想到快乐和阳光。不过，黄色也与欺诈和懦弱有关。在设计中，鲜黄色可以增添快乐和愉悦的感觉；柔和的黄色通常用作婴儿和小孩的中性色（相对蓝色或者粉红色）；淡黄色相对鲜黄色而言给人一种更内敛的快乐感受；深黄色和金黄色有时很有古韵，当需要营造一种永恒的感觉时，则可使用这种颜色（图3-27、图3-28）。

图3-27　黄色在企业形象设计中的应用（设计者：陈锐——站酷网站）

图3-28　黄色在企业形象设计中的应用（花瓣网站）

冷色系包含绿色、蓝色和紫色，相对暖色，强度要弱。它们是夜、水和自然的代表颜色，通常给人的感觉是舒缓、放松，以及有一点儿冷淡（图3-29）。

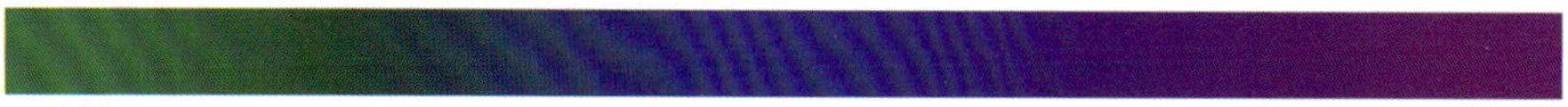

图3-29　冷色

蓝色是冷色系中唯一的原色，这意味着其他颜色是由蓝色混合某种暖色而成的（混合黄色得到绿色，混合红色得到紫色），绿色继承了黄色的一些属性，而紫色则继承了红色的一些属性。在设计中使用冷色可以营造一种冷静或专业的感觉。

蓝色是海洋的象征色彩，给人冷静、理智、信任、可靠度高、安全的感觉，是工科理性色彩，适合高科技产品行业、药品行业。

在英语国家中，蓝色通常与忧伤有关，蓝色也广泛用来象征冷静和责任。浅蓝色给人一种非常清新和友好的感觉；而深蓝色则更多表示可靠和力度。蓝色也与和平有关，在许多国家，蓝色有灵魂和宗教上的寓意。蓝色的含义很大程度上取决于色调和暗色泽。在设计中，所选用的蓝色的暗色泽会极大地影响作品给人的感受。浅蓝色通常表示放松和平静，亮蓝色通常表示活力和清新，而深蓝色则非常适合用于科技公司的宣传网站，因为在这种场合，感染力和可靠性给人的感觉很重要。

深蓝色易给人一种非常专业的感受，尤其当结合白色背景时更是如此。天蓝色给人一种年轻、时髦的感觉，结合浅红色高亮则进一步强调了这点（图3-30、图3-31）。

图3-30　深蓝色在企业形象设计中的应用

图3-31　浅蓝色在企业形象设计中的应用（花瓣网站）

绿色给人的心理感受是和平、宁静、自然、环保、希望、健康、清新，适合用于食品、化妆品、儿童用品行业。绿色不易使人产生视觉疲劳。三原色中的蓝色+黄色=绿色，所以绿色具有一些黄色色彩的情感，在设计中常与黄色搭配使用（图3-32）。

图3-32　绿色在企业形象设计中的应用（狼牙创意网）

图3-32　绿色在企业形象设计中的应用（狼牙创意网）（续）

紫色一般会给人高雅、华贵、梦幻、忧郁的感受，紫色是女性色彩，适合用于女士产品。深紫色具有成熟女性高贵的感觉，浅紫色具有浪漫、淡雅的感觉。三原色中的蓝色+红色=紫色，所以紫色具有一些红色色彩的情感（图3-33）。

图3-33　紫色在企业形象设计中的应用　（设计者：余尤勇）

③企业标准色的设计形式。

a. 单色标准色。单色标准色追求单纯、明了、简洁的艺术效果，容易被消费者记忆，是最为常见的企业标准色形式。如可口可乐的红色（图3-34）、中国农业银行的绿色、中国移动的蓝色等。

图3-34　可口可乐标准色

b. 复数标准色。许多企业采用两种以上的色彩搭配，追求色彩对比或者协调的效果，以增强色彩律动的美感（图3-35）。如家乐福的红与蓝的组合、荷兰壳牌石油的红与黄组合等。

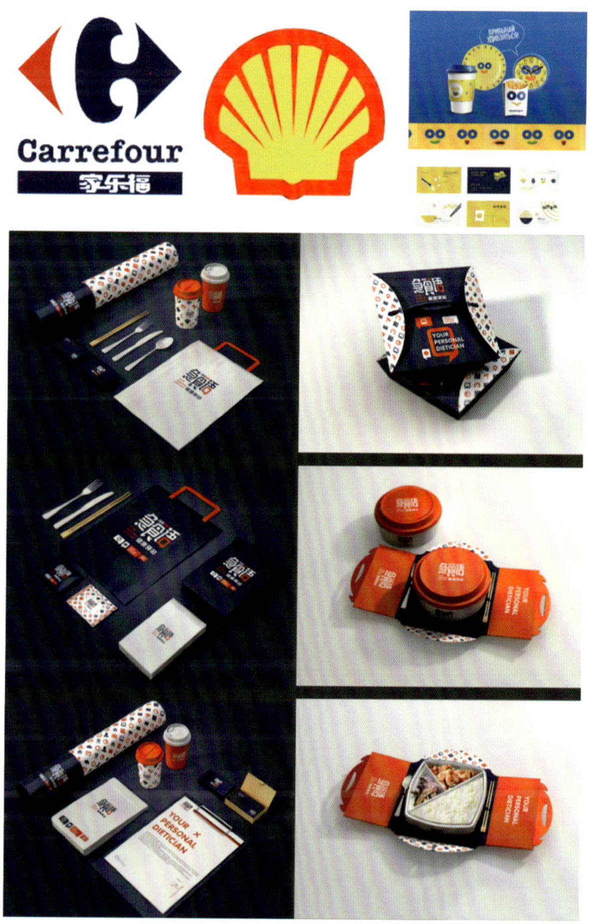

图3-35　复数标准色应用（堆糖网）

复数标准色常见的色彩搭配形式是对比色搭配，对比色搭配体现了较强的视觉冲击力，抢占了第一视觉要素，形成了设计色彩的主流。在标准色设计中，设计师往往根据企业的需求与行业属性的定位来选择色彩搭配形式。

此外，色彩中黑白金银灰是无彩色系，在设计制作复数标准色时，设计师经常用它们来调配整体色彩的层次感与丰富度，善于应用无彩色系是体现设计中色彩丰富度的前提（图3-36、图3-37）。

c. 多色系统标准色。有许多企业建立多色系统作为标准色，主要利用色彩的差异性、易读性来区分集团公司与分公司、公司内部各部门、不同类别商品，即利用色彩的差异性达到瞬间区分识别的目的。但在这种多色系统中有一种色是主色（图3-38）。

图3-36 复数标准色（堆糖网）

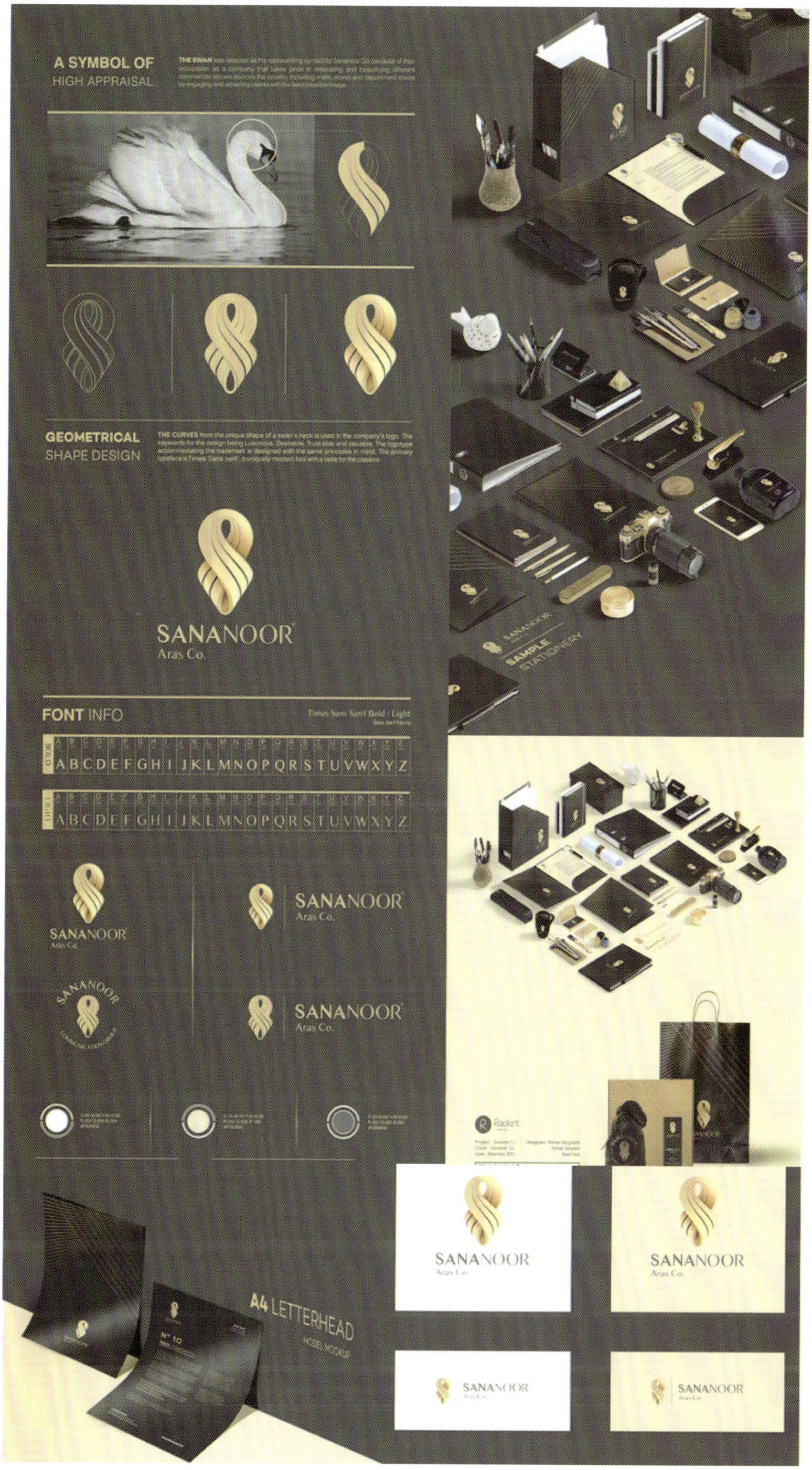

图3-37　无彩色的应用（设计者：Radiant团队）

图3-38　多色系统标准色标志

④企业标准色的运用。企业标准色的运用，是根据消费者心理，通过色彩给消费者的特有的知觉刺激与心理反应，以传达企业的经营理念和产品服务的特质。因此，对标准色的应用要有一定的规范，以防错用标准色。最好的方法是对标准色进行规范标注。

一般来说，采用四色（CMYK）标注法或三色（RGB）标注法来对标准色进行标注（图3-39）。

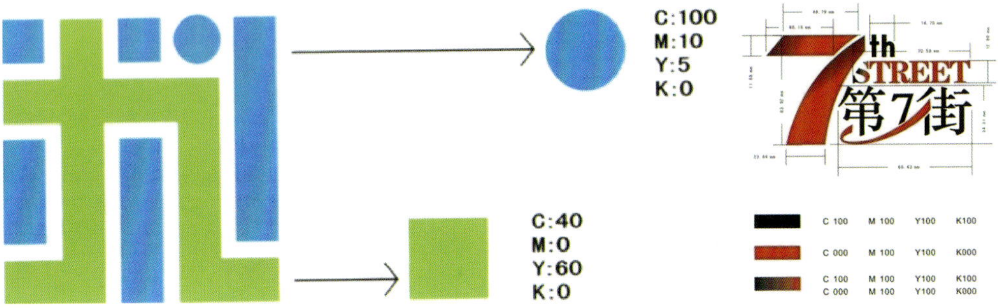

图3-39　企业标准色标注方式

⑤企业标准色的设计定位 。

a. 体现经营理念和产品特性。企业设定标准色应选择适合于该企业形象的色彩。

b. 突出差异性。差异性主要体现在两个方面，一是不同行业的差异：如建筑类与纺织品类的差异、交通运输类与食品酒水类的差异；二是同行业的差异，同行业的不同企业之间存在竞争，设计标准色时需要突出企业的个性特点。

c. 符合消费者心理特征。处于不同文化群体中的消费者对不同的色彩有着不同的感受。如黄色对于古代中国人和西方信奉基督教的人来说，一个是至高无上的象征，一个是低微的象征。标准色设计应尽可能单纯、明快，以最少的色彩表达最多的含意，达到精确快速地传达企业信息的目的。

⑥企业标准色的设计原则。

a. 科学化原则。标准色应体现企业的经营理念和产品的特性。设计者应根据市场调查测试结果和不同民族地区对色彩的喜好差别，设计符合企业经营理念、组织框架和经营特点，满足消费形态和市场需求的标准色，以达到建立企业形象的目的。

b. 差别化（冲击性）原则。企业用色彩传达企业理念，表现企业市场营销特色，突出与竞争企业之间的差异性，体现企业产品的属性。恰到好处的色彩定位有助于提高消费者对企业或企业产品的认同。

c. 系统化（规范性）原则。当企业的标准色确定之后，必须与标志、标准字的设计密切配合，在运用中，这种三位一体的组合是不能被分离和改变的。要有长远的战略眼光，考虑到企业发展的需要，设计具有很好适应性的系统化色彩体系。

（2）辅助色。辅助色是用来辅助或者补充标准色的。辅助色主要用于衬托表现企业的理念和象征意义，企业标准色和辅助色配合使用，可以强化企业形象。辅助色在设计时不宜过多，要与标准色和谐统一。辅助色使企业的色彩应用更加灵活。

4. 辅助图形的设计

（1）辅助图形的概念。辅助图形有时也被称为装饰花边、象征图形、象征纹样等，是企业视觉识别系统中常被灵活运用，以强化企业形象、弥补基础要素设计运用不足的附属图形。

（2）辅助图形的作用。辅助图形的设计是为了有效地辅助视觉系统的应用。辅助图形可以增加包括标志等VI设计要素在实际应用中的应用面，尤其在传播媒介中可以丰富整体内容、强化企业形象。

（3）辅助图形的设计要求。

①辅助图形的设计要有统一性。

②辅助图形的设计要有造型性。

③辅助图形的设计要有适应性。

（4）辅助图形的设计方法。

①以企业标志图形的某些要素衍生变化做延伸性的表现。常用的方法是提取标志中某一核心元素作为辅助图形的单位基本形，再进行变化，这样做的好处是既能取得辅助图形与标志的密切联系，又能延续标志中传达的企业理念，增加整体识别的系统性，并且使标志和辅助图形形成联动的呼应关系（图3-40）。

图3-40 美国塔吉特超市品牌标志及辅助图形

该标志类似“标靶”，辅助图形截取和放大了“标靶”的不同局部，形成更加鲜明醒目的品牌联想效果。

若感觉标志的美感和生动性不足，可以额外关联的方式丰富品牌联想，如印度尼西亚航空公司的品牌视觉辅助图形，取标志精华部分延展成为辅助图案（图3-41）。

图3-41　原有图形标志延展变成辅助图案

此外还有直接用标志进行设计的，只做简单调整，或者放大，或者倾斜，或者用作底纹效果（图3-42）。

图3-42　直接用标志作为辅助图案

②重新设计具有个性的视觉符号，再进行一定限度的延伸变化。不完全依赖于标志造型的独立的辅助图形，是根据几何造型元素提炼、加工而成的，如条状、带状、点状、块面等。好处在于从形式上能更好地和标志联合，为标志上企业形象内容的不足进行补充和深化，并且几何形式的辅助图形往往可以根据环境和载体的变化，包括大小、空间等的变化，更容易地改变自身尺寸，改变在空间中的错落形式来弥补视觉传达中出现的延展问题。

重新设计中常采用与标志和行业特色都没有太大关联但较为优美的图形；也有些采用与标志没有太大关联但是与行业特色有关联的图形，此种情形多适合仅有文字标志的品牌。辅助图形在一定程度上发挥了图形标志的识别作用，但又比图形标志在运用上拥有更多灵活性（图3-43）。

图3-43　与标志没有太大关联但与行业特色有关联的辅助图形运用

例如，英国体操协会是一个非营利性的体操项目管理组织，原名为英国业余体操运动员协会，1997年更名为英国体操协会，其历史可以追溯到1888年。2012年6月份，英国体操推出了全新的视觉标志，并在2012利物浦英国体操锦标赛中首次亮相。新标志通过捕捉运动员的各种运动过程，通过技术处理将这些运动轨迹制作成了色彩斑斓的飘带（图3-44）。

图3-44　英国体操辅助图形设计

（5）辅助图形的应用。辅助图形常用在包装纸、购物袋、企业所发送的各种礼品设计上，给人以亲切感和装饰美感。辅助图形可以巧妙地将物体根据形态进行划分（图3-45）。

图3-45　辅助图形的应用

5．吉祥物的设计

（1）吉祥物概述。吉祥物，意指能带来吉祥、好运的人或物。吉祥物是专为特定的活动目的，以人物、动物、植物、自然物或人造物，依照吉祥或积极的主题，以拟人化或卡通化手法创造出的具象化造型。

（2）吉祥物的造型设计。

①人物类造型。将民间传说或童话故事中的典型人物加以夸张，使不同年龄层、文化层，不同语言背景的消费者，产生认同与共鸣，如旺旺、米其林吉祥物（图3-46）。

图3-46　旺旺、米其林吉祥物

②动物类造型。以动物的不同姿态、动作、表情等来表达企业性格，动物活泼可爱、憨态可掬的形象与习性，易为人们所欣赏（图3-47、图3-48）。

图3-47　巴塞罗那奥运会吉祥物

图3-48　北京奥运会吉祥物

③植物类造型。以植物的不同季节特点和习性、不同的形态与结构来表现企业形象特征。娇嫩率真的植物卡通形象，可带给人一种呵护备至的关爱情怀（图3-49）。

图3-49 植物造型吉祥物

择取人物、动物、植物的个性和特征塑造企业吉祥物，能准确而轻松地表达企业的经营理念。

随着社会的发展，极富艺术魅力的吉祥物将不断被注入现代人的审美思想和文化观念，从而焕发出更加优美动人的容颜和时代精神，并以其独特的视觉语言向人类传递最祥和、最美好的祝愿。

（3）吉祥物的表现形式。就表现形式而言，吉祥物无论出现在公益性活动中还是商业活动中，一般都具有三个特征：①人性化特征，即吉祥物都以拟人化的姿态出现。②吉祥性特征，物必吉祥，是吉祥物的突出特征，否则吉祥物将失去其价值。③象征性特征，吉祥物是一种特定的拙中藏巧、朴中显美的艺术形式。吉祥物通过图案形象，赋予人们追求幸福、长寿、喜庆、吉祥的象征意义，寄托人们对美的向往和对理想的追求。

（4）吉祥物的设计要点。吉祥物的设计要点主要有关联性、个性化、情感性、取名、夸张的拟人化表情、造型。吉祥物的简洁造型确定以后，要根据需要进行变体设计，如设计笑容、跳跃、奔跑时的不同表情、姿态、动态，以广泛应用于企业形象的宣传过程中（图3-50）。

图3-50 吉祥物姿态设计

（5）吉祥物的设计注意事项及题材选择。

①吉祥物的设计注意事项。吉祥物设计前应该对设计时会涉及的元素进行充分调查了解，要掌握目标受众的宗教信仰、忌讳和风俗习惯以及企业经营的内容和产品特性。如食品业常以创业者肖像作为传统风味的品牌象征；化妆品行业多用植物来表现女性温柔典雅的风格；运动品多以奔跑的动物作为原始造型元素等。

②吉祥物的设计题材选择。

a. 故事性。从家喻户晓的童话故事或民间传说中选择富有个性特征的角色充当吉祥物，是设计师常用的方式之一，如金拱门（原为麦当劳）的麦当劳叔叔（图3-51）。

b. 历史性。利用人们对历史人物的喜爱和崇敬，塑造传统文化、老牌风味的权威感，也是设计师常用的思路。如米其林以其百年发展为基，塑造了经典吉祥物造型米其林轮胎人（图3-52）。

图3-51 家喻户晓的“麦当劳叔叔”

图3-52 法国米其林轮胎人

人物、动物、植物的特性有着明显的差异，企业应就公司性格、品牌印象、产品特点选择符合其精神的表现题材。

（6）吉祥物设计案例。世博会是一项由主办国政府组织或政府委托有关部门举办的有较大影响和悠久历史的国际性博览活动。世博会吉祥物，是世博会形象品牌的重要载体，而且体现了世博会举办国家、承办城市独特的文化魅力和精神风貌，已经成为世博会最具价值的无形资产之一。

作为代表东道国特色的标志物，“吉祥物”是一个国家文化的象征，它从各个层面反映了东道国的历史发展、文化观念、意识形态以及社会背景，并在政治、经济、文化等多个领域的传播中扮演着十分重要的角色。

以中国2010年上海世博会吉祥物（图3-53）为例，其设计努力实现以下功能：

图3-53 2010上海世博会吉祥物海宝

①充分体现主办国家的文化。2010年上海世博会是由中国举办、上海承办的全球盛会，也是第一次在发展中国家举办的综合类世博会。上海世博会吉祥物设计必须包含中国的文化特征，彰显中国的文化精神，反映上海世博会中外文化交流的特征。同时，符合中国法律和社会公序良俗的要求。

②充分体现出上海世博会“城市，让生活更美好”的主题。中国2010年上海世博会吉祥物应该成为主题演绎的形象载体和视觉标识，与历届世博会或其他国际大型活动已有的吉祥物形象在主题表现、造型设计等方面有明显区别。吉祥物形象要通过创意提炼、造型设计、理念阐述、性格设定、动作演绎等手段，充分表达上海世博会“城市，让生活更美好”的主题。通过吉祥物形象生动演绎城市与城市、城市与人之间的互动关系，深刻表达足迹、梦想之间的内在关联。

③具有产品衍生和开发的价值。中国2010年上海世博会吉祥物要符合“好看、好懂、好记、好用”的原则，具有产品衍生、市场开发的形象基础和造型前提，具有认知度高、应用性强等特点，适合各种各类玩具、文具、服装、礼品、饰品等系列衍生产品的设计与开发。在表现形式和技术手段上，适用于平面、立体和电子媒介的传播和再创作，适用于不同载体对主题演绎和表现样式的需要。

④与会徽珠联璧合。上海世博会徽由三人合臂相拥而成、以汉字“世”为原型。吉祥物以汉字“人”做呼应，两者可谓珠联璧合，进一步突出了“以人为本”的民本思想，强化了人与地球、人与世界的紧密关联，深化了上海世博会的主题。

上海世博会的主题告诉世人，构成城市的主体是人，创造美好生活的主体是人，享受美好生活的主体也是人，国家和社会的发展要“以人为本”。

吉祥物大脚稳固地站立在地面上，成为热情张开的双臂的有力支撑，预示中国有能力、有决心办好世博会。

“人”字互相支撑的结构也揭示了美好生活要靠你我共创的理念。只有全世界的“人”相互支撑，人与自然、人与社会、人与人之间和谐相处，这样的城市生活才会更加美好。

“人”字创意造型依靠世博会的平台传播，已成为中国上海世博会的吉祥符号和文化标志。

第三节 视觉识别系统的应用设计

一、应用要素包含的内容

应用设计系统是以基础要素为基础的实用设计，广泛用于企业各种媒介物上，透过企业全方位的整体传播系统达到统一识别的目的。应用设计系统所含项目多、层面广、效果直接，具有强烈的传播力和感染力。

1. 事务用品类项目

名片、信纸、信封、便笺、公文袋、资料袋、薪金袋、卷宗袋、合同书范本、报价单、各类表单和账票、各类证卡（如邀请卡、生日卡、圣诞卡、贺卡）、年历、月历、日历、工商日记、奖状、奖牌、茶具、办公设施等用具（如镇纸、笔架、笔、雨具架、订书机等）。

2. 包装产品类项目

外包装箱（大、中、小）、包装盒（大、中、小）、包装纸（单色、双色、特别色）、包装袋（纸、塑料、布、皮等材料）、专用包装（指特定的礼品用、活动事件用、宣传用的包装）、容器包装（如瓶、罐、塑料、金属、树脂等材质）、手提袋（大、中、小）、封口胶带（宽、窄）、包装贴纸（大、中、小）、包装封缄（大、中、小）、包装用绳、产品外观、产品吊牌、产品铭牌等。

3. 旗帜规划类主要项目

公司旗帜（标志旗帜、名称旗帜、企业造型旗帜）、纪念旗帜、横式挂旗、奖励旗、促销用旗、庆典旗帜、主题式旗帜等。其中各类吊挂式旗帜多用于渲染环境气氛，并与不同内容的公司旗帜相呼应，形成具有强烈形象识别的效果。

4. 员工制服类主要项目

男女主管职员制服（二季），男女行政职员制服（二季），男女服务职员制服（二季），男女生产职员制服（二季），男女店面职员制服（二季），男女展示职员制服（二季），男女工务职员制服（二季），男女警卫职员制服（二季），男女清洁职员制服（二季），男女后勤职员制服（二季），男女运动服（二季），男女运动夹克（二季），运动帽、鞋、袜、手套，领带、领带夹、领巾、皮带、衣扣，安全帽、工作帽、毛巾、雨具。此部分设计主要是将企业基本视觉要素加以运用，如将企业标志、企业名称、标准色、广告语等内容有机地与服装、服饰的内外造型（包括外观形态、内部款式等）、质料（如朴素自然的棉麻布料、庄重挺拔的毛料、华丽高雅的丝绸缎料等）相结合。

5. 媒体标志风格类项目

电视广告商标标志风格，报纸广告商标标志风格，杂志广告商标标志风格，人事招聘商标标志风格，企业简介商标标志风格，广告简介、说明书商标标志风格，促销POP、DM广告商标标志风格，海报商标标志风格，营业用卡（回函）商标标志风格。

其中媒体广告类涉及的主要项目包括：导入CI各阶级对内对外广告，企业简介、产品目录样本，电视CF、报纸、海报、杂志广告，直邮DM广告、POP促销广告，通知单、征订单、明信片、优惠券等印刷物，对内对外新闻稿，年度报告、报表，企业出版物（对内宣传杂志、宣传报）。

此部分的设计主要是将企业标志、名称、象征图形等企业形象系统运用到媒介中去。媒介中所体现出的比例尺寸、篇幅、材质（如纸、霓虹灯等）、文字、图形图像、声音、镜头、光影及其结构格式是设计的重点。

6. 广告招牌类项目

室内外直式、横式、立式招牌，建筑物屋顶、楼层招牌，楼宇、店面招牌，悬挂式招牌，柜台招牌，企业位置看板（路牌），工地大门、工务所、围篱、行道树围篱、牌坊等。

7．室内外指示类项目

符号指示系统（含表示禁止的指示、公共环境指示），机构、部门标示牌，总区域看板，分区域看板，标识性建筑物壁画、雕塑造型。

8．环境风格类项目

主要建筑物外观风格，建筑内部空间装饰风格，大门入口设计风格，室内形象墙面，厂区外观色带，玻璃门色带风格，形象墙设计，公布栏、室内精神标语墙，环境色彩标志，踏垫，烟灰缸、垃圾桶，员工储物柜，室内装饰植物风格。

9．交通运输工具类项目

营业用工具（如服务用的轿车、吉普车、客货两用车、展销车、移动店铺、汽船等）、运输用工具（如大巴、中巴、大小型货车、厢式货柜车、工具车、客运船、游艇、飞机等）、作业用工具（如起重机车、推土车、升降机、牵引车、救护车、消防车、电视转播车等）。

10．展示风格类项目

展示会场设计，橱窗设计，展板造型，商品展示架、展示台，展示参观指示，舞台设计，照明规划，色彩规划，商标、商标名称表示风格，椅子、桌子、沙发等风格。

二、办公用品类应用要素设计要点

1．名片设计要点

（1）名片的常用规格：名片的标准尺寸为55 mm × 90 mm，圆角名片为54 mm × 86 mm。

（2）注意事项：名片内容包括企业的名称、标志、地址、邮编、电话、传真、网址及使用者姓名、职务、部门和联系方式等。名片的造型分为横式、竖式和折叠式几种类型，设计时要考虑使用者风格和个性（图3-54）。

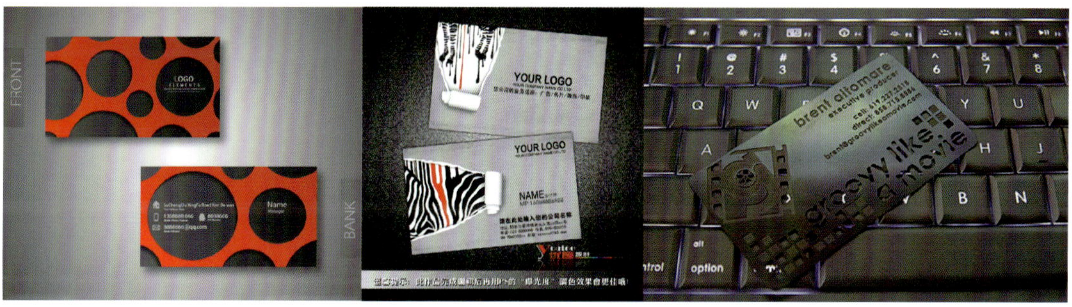

图3-54　应用要素名片设计

2．信纸设计要点

（1）信纸的常用规格：210 mm × 297 mm（A4），184 mm × 260 mm（16K）。

（2）注意事项：信纸上的内容包括企业的名称、标志、地址、邮编、电话、传真、网址等。对信纸应进行个性化设计或装饰。

3. 信封设计要点

（1）信封的常用规格：小号220 mm×110 mm，中号230 mm×158 mm，大号320 mm×228 mm。

（2）注意事项：注意邮寄信封的设计要遵循邮政法规。以发送为主的特殊规格的信封，如请柬、礼品及重要文件等，在设计上应配合用途，使设计更加讲究、印刷更加精美。普通信封的设计风格与普通信纸、名片的风格一致；特殊信封的设计与特殊信纸、名片的风格相互协调和统一。

4. 便笺设计要点

（1）便笺的规格：便笺的用途是绘制草图、速记及记事等，不作为正式文件使用，因此规格上没有严格的规定。

（2）注意事项：便签的设计样式一般与信纸的设计一致。若尺寸过小时，企业要素要简单化。甚至只使用一些装饰纹样，并做淡化处理，以留出书写的区域。设计英文用的便笺时，必须研究企业标志、企业名称等要素的放置位置。

5. 证卡设计要点

证卡包括胸牌、工作证、上岗证、考勤证、参观证等。

（1）证卡的规格：一般横式卡片尺寸86 mm×54 mm，竖式卡片尺寸54 mm×86 mm。除标准尺寸外还有各种不规则尺寸的证卡设计，应依据需要选择适当的尺寸。

（2）注意事项：证卡上的内容包括姓名、职务、单位、部门名称、编号、条码、徽标、公章、磁条、IC等。

6. 其他纸类办公用品及文具设计要点

其他纸类办公用品及文具包括报价单、预算书、介绍信、邀请函、文件夹、资料袋以及各种票据、表单和笔、胶带盒等文具。

在版面的设计中，要善于调整、运用企业的基本视觉要素，如运用别致的构图形式，处理好版面中空白与边缘位置的关系。

办公用品的色彩，应以企业的标准色为依据进行设计。办公用品的用纸从一般单据、票证用的普通书写纸、打字纸到请柬、台历、名片用的高级卡纸，由于用途不同可选用的纸类较广。

文具用品上统一印制企业的标志、名称等信息，可增强企业形象的视觉识别力，亦可作为公关礼品或赠品参与企业活动。

三、旗帜类应用要素设计要点

1. 司旗设计要点

（1）司旗的规格：司旗的尺寸一般为1 440 mm×960 mm、960 mm×640 mm。

（2）注意事项：设计要求醒目、简洁，内容包括企业的标志、色彩、名称，但应主要突出企业标志（图3-55）。

图3-55 司旗设计

2. 竖旗设计要点

（1）竖旗的规格：竖旗的宽度通常为750 mm，灯杆竖旗的一般尺寸为750 mm×1 500 mm。

（2）注意事项：竖旗与司旗的设计要素基本一致，但司旗一般为横式构图，竖旗为竖式构图，因此要注意设计要素的排列要与构图相配合（图3-56）。

图3-56 竖旗设计

3. 桌旗设计要点

（1）桌旗的规格：一般横向规格为210 mm×140 mm，竖向规格为140 mm×210 mm，也可有不同的尺寸规格。

（2）注意事项：桌旗多为对式摆放，设计时可以让两面旗完全一样，形成重复关系（图3-57）。

4. 吊旗设计要点

（1）吊旗的规格：一般据实际需要而定，以矩形设计居多，可采用黄金比进行设计。其他形式还有三角形、不规则形等。

（2）注意事项：吊旗设计内容与前几类旗帜基本相同，风格可适当活泼一些，以增强企业活跃的气氛（图3-57）。

图3-57　桌旗与吊旗设计

四、服饰类应用要素设计要点

企业服饰可分为服装和饰物两大类。企业服饰设计具体包括男女领导制服、男女员工制服等办公用、会客用、作业用服装设计（很多企业服装还根据春夏秋冬季节差别设计），也包括帽子、臂章、胸牌、徽章、雨具等附属品的设计。饰物类设计包括领带、领结、丝巾、别针、领带夹、扣子等饰品的设计（图3-58）。

图3-58　服装类应用要素设计

五、交通类应用要素设计要点

由于运输工具形状各异、尺寸不同，设计时要灵活处理。但要注意保持视觉的统一性与联动性。

车体设计要依据基础设计要素的组合限定，结合不同车型的外观突出表现企业标志、标准字、标准色及企业造型等。由于交通工具流动性较大，因此文字及图形应简洁、明晰、易记和易识别，不宜过小过繁，可设计在车门、车身、车窗、车尾、车体顶部等位置（图3-59）。

图3-59　交通类应用要素设计

六、产品包装类应用要素设计要点

要正确掌握各类包装的机能与作用，将企业产品的各类包装条理化和系统化；设计风格和表现手法应该接近或统一，使之成为企业整体形象的一部分。

包装的色彩既要体现出企业的形象和个性，也要体现出产品的特性（图3-60）。

图3-60　产品包装类应用要素设计

七、指示系统类应用要素设计要点

指示系统设计不是简单的某个部门的单项工作，其开发应注意周围的环境。因此，指示系统的设计应醒目、明晰、易读；还应考虑建筑空间及室内空间，因地制宜，与环境相协调，达到简洁醒目的视觉效果。

指示系统设计注重导视文字、数字和箭头等的独特性设计和指示系统的外形、部件、材料及施工方法等的独特风格，但也要注意这些要素的标准化、规范化与统一性。在色彩上要统一色调，强化企业整体形象，时刻让人体验到企业的理念和精神面貌（图3-61）。

图3-61　指示系统类应用要素设计

八、企业环境类应用要素设计要点

在进行建筑物内部即办公、销售、车间环境等的室内设计过程中，应注重统一色调的应用和氛围的营造，强化企业整体形象。

公司、工厂建筑外观设计的独特性和连贯性同样重要，特别是处在商业第一线的店面形象。由于行业不同，店面的建筑外观和店铺形象对企业有很大的影响。系统化、标准化的外观设计，能表现出统一的企业形象（图3-62）。

图3-62　企业环境类应用要素设计

九、公关礼品类应用要素设计要点

常见的公关礼品有贺卡、专用请柬、笔、笔记本、通讯录、手提袋、包装纸、钥匙牌、一次性纸杯、杯垫、鼠标垫、挂历、台历、日历、明信片、小型礼品盒、标识伞等。

礼品通常运用原有的VI基础标志、标准字、标准色、辅助色、辅助图案等设计，但也要突出礼品的赠品特点。

礼品作为赠品一般较小，设计时注意包装要精美、色彩要醒目，使其显得高档、精美或可爱。

十、广告宣传类应用要素设计要点

广告宣传项目包括招贴、报纸广告、杂志广告、企业产品海报、公司指南、内部刊物、产品广告以及产品目录、宣传册、网页、电视广告等内容。

1．招贴、报纸广告、杂志广告、宣传册等印刷广告

招贴、报纸广告及杂志广告都属于印刷类媒体广告。其中招贴与杂志广告可以印制出较为精美的广告画面。

印刷广告构图形式多样，常用横式构图和竖式构图两种形式，一般参照黄金分割比等比例。其中报纸广告略为特殊，有时会提供通栏的位置，其比例大致为34.5：12、34.5：10或34.5：8。

2. POP广告及气模、霓虹灯、路牌、灯箱等户外广告

POP广告及气模、霓虹灯、路牌、灯箱等户外广告设计时要突出企业的名称、标志和广告活动的主题，注意色彩要醒目，以便能传播较远的距离，体现户外广告的优越性（图3-63）。

图3-63 广告宣传类应用要素设计

3. 网站、电视等多媒体广告

（1）网站作为新兴的传播媒体也是广告宣传的有效途径，对网站广告的设计也要符合企业的统一形象和风格，但同时要考虑网络自身的特点。

（2）企业形象要素在具体的广告中不是重要的诉求内容，而只是提供广告发布者的相关信息，因此在版面安排上不能占据太大的面积及主要位置（图3-64）。

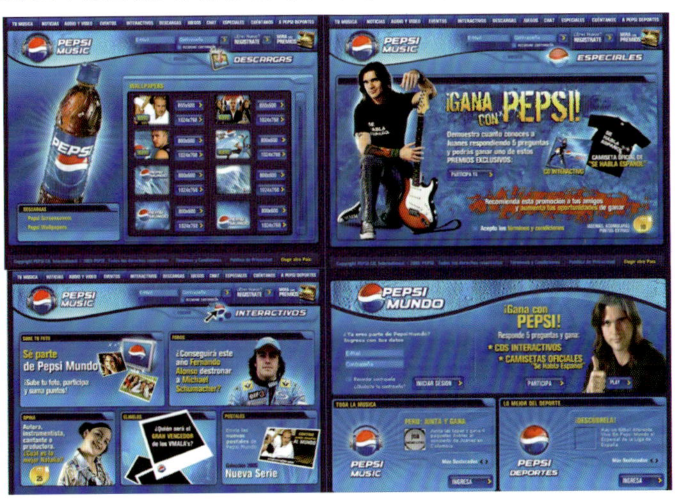

图3-64 多媒体广告设计

第四节　视觉识别系统手册制作

一、视觉识别系统手册编辑

1. 编辑 VI 设计手册的目的

VI设计手册是一本阐述VI基本观点与具体实施标准的策略性书籍，在VI设计开发工作完成后，经过实践检验，确定标志、标准字、标准色等基本要素，综合全部识别系统开发项目和各种运作规范、方法而编辑成册的就是“VI设计手册”。

VI设计手册的制定不仅决定了企业今后对外的识别形象，也是设计水平体现的关键。只有通过严谨的管理监督与每一位员工的履行实施，它才能真正融入经营机制与文化结构中，发挥应有的功效。

2. VI 设计手册的装订

VI设计手册的编辑依据企业的情况有所不同，一般分为《基本设计手册》《应用设计手册》两种，统称为《企业识别手册》或《VI设计手册》（图3-65）。

图3-65　悉尼奥运会形象手册与萨索有限公司品牌形象手册

VI设计手册主要有三种类型：

（1）涵盖多种设计要素与应用项目，制定各种规范，编辑成一册。

（2）依照基本要素与应用项目的不同，分成两册。

（3）根据各个设计要素与应用项目的标准及规范分成数册，详细记载制作的程序与使用方法。

从实践来看，手册做成活页或分册形式的居多。因为VI设计手册是根据企业经营的内容而定的，随着企业经营或服务的内容不断增加，VI设计手册的内容可以不断充实，这要求手册的装帧形式具有灵活性；另外，活页或分册形式使用方便，可以任意取出其中所需部分。

二、视觉识别系统手册设计形式

1. VI设计手册的基本构成

VI设计手册的内容要视不同企业的VI设计内容而定，没有绝对的标准和统一的规定。但还是有一些共同之处，即VI设计手册的结构应突出企业自身特色。关于VI设计手册的内容、形式的研讨，需要根据企业经营内容与服务的性质来决定。VI设计手册制定的原则是：传达企业理念、具有可实施性、设计风格统一；结构化与标准化，具有可变性。

通常VI设计手册可以按以下几个基本部分进行构建：

（1）导言。主要内容为企业领导致辞，企业经营的理念与日后的展望，导入VI的意义、目的、指导思想，VI的指导设计与执行委员会情况。

（2）基本设计要素及其组合。标志、标准字、标准色，标志、标准字、标准色的变体设计，标志、标准字的制图法与标准色的标示法，基本要素的组合规定，基本要素组合系统的变体设计，禁止组合的范例；附属基本要素（专业印刷字体、象征图案、版面编排模式、企业造型等）。

（3）应用系统。业务用品（名片、信笺类，账务票据等），广告媒体，旗帜，招牌，交通工具外观设计，包装设计，员工制服，办公室用品（烟灰缸、火柴、铅笔、桌椅、招待用品、杯子等）。

（4）样本拷贝附件（再生样本）。标志、标准字印刷样本及标准色。

（5）听觉要素。音乐、歌词、进行曲、公司各种仪式的背景音乐、企业MTV。

基本要素部分相对来说是比较固定的，而应用系统部分则可以根据实际情况相应增加。在手册中针对具体的设计项目应当有详尽的图示及其说明。

2. VI设计手册的目录及分级管理

VI设计手册的内容应当以项目类别进行分类与管理。根据各企业的类别、形态、VI内容、管理体制来决定项目类别的多少。

为了VI设计手册在使用与管理中更便捷，可将手册中涉及的各项内容采取分级管理的方式进行编排。这种方式不但可将各项目分类，而且能够起到明晰页码的作用，与手册目录配合使用不但可以清晰地展示VI的设计项目，同时也便于查找与管理（图3-66）。

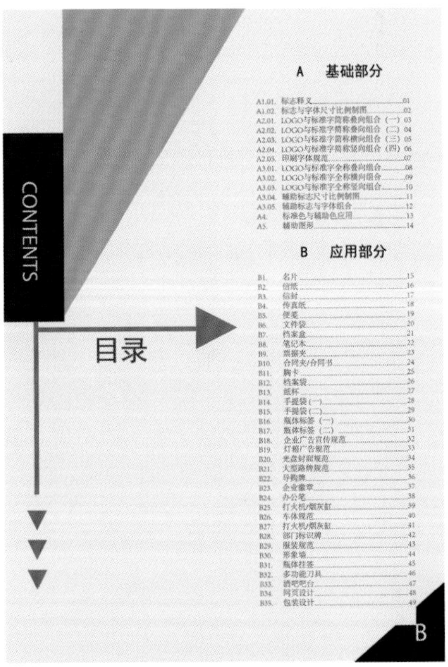

图3-66 VI设计手册的目录

3. VI设计手册的编排

VI设计手册的制定不仅决定了企业对外的识别形

象，也是实际作业时设计水准体现的关键，所以VI设计手册的版面编排要考虑到今后的具体指导作用和传达效果。手册的版面形式尽量统一，突出图示与说明文字，页面中图文大小得当、组合关系清晰有序不失美感。手册的整体设计形式应与企业形象风格形成呼应，体现出形象一致性。

三、VI设计手册的管理与维护

在VI设计手册的使用规范制定一段时间后，不可避免地会出现手册中的规定和实际需要、应用项目的规定不再相符的情况，尤其是对那些时效性、灵活性较强的项目。未来的消费环境和市场的情况无法完全预见，新技术、新媒体的不断涌现也使传统受到挑战，因而对有些项目来说，设计和规范的合理性需要进一步探讨和及时修正。

基础设计项目中的所有元素，在VI系统中是视觉交流的原点。在手册中，要说明各要素的意义及其在VI战略中的定位，也要设定其在具体使用时的作业要求。另外，这些要素的展开形式也要根据VI设计的整体策划和企业的实际需求在手册中详细体现。

彩色系统规范包括特定的单一色系和以基本色为中心，再配以标准色、辅助色的复合色系两种形式。在手册中，应列出企业形象的用色规则，以及有关标准色与辅助色的使用方法和注意事项。

应用设计项目具有相当的系统性与独特性，在手册中尽量准确详细地说明其实施操作规范和执行标准，体现手册的指导性作用。

VI手册中对于视觉识别系统的应用设计项目，可以通过设计效果图、文字设计说明和尺度标示等综合方法体现。同时，应对视觉基础元素在不同的应用范围和实现效果等因素做全面考虑，并在手册中详细体现，为后期的实施做出具体指导。

第四章 案例实训篇

第一节 商业实践案例

案例一：黑龙江美加健饮品有限公司VI设计推广

黑龙江美加健饮品有限公司致力于打造地方饮料行业龙头，率先导入VI视觉形象系统，目的是增强企业品牌感及让消费者产生对品牌的信任度。标志通过绿色来传递健康的理念，以树叶为主要形象，表示选材取自天然，绿色、无污染、无公害。在整个标志设计中凸显了品牌理念和要传递给消费者的服务意识（图4-1）。

图4-1 美加健饮品VI设计推广

案例二：哈尔滨电力集团子公司企业形象设计

哈尔滨电力集团标志如图4-2所示。

因其集团下具有多个子公司，子公司为了与哈电集团标志有所区分，想进行哈电集团标志的延展设计。因此该套企业形象设计在此特殊要求下进行，具有一定的局限性。设计时根据此要求来进行品牌定位及思维发散，在原有标志基础上进行了改进，并加上子公司名称的开头大写字母“UC”，代表此公司是依托哈电集团的一家全资子公司。最终企业形象设计定稿如图4-3、图4-4所示。

图4-2　哈电集团标志

图4-3　哈电集团子公司品牌形象设计

图4-4　哈电集团子公司品牌形象设计

案例三：福思特国际商务酒店企业形象设计

福思特国际商务酒店坐落于商业开发区，设计之初为地产开发项目。酒店定位为高端、品质、欧派、豪华。标志在此基础上进行设计，用皇冠代表五星级品质，对称的两只狮子代表加强服务及安全。整体色调为金色和红色，彰显豪华之本色。VI延展部分包含围墙、易拉宝、宣传单页、招商手册等，设计思想及核心主要围绕标志风格而进行定位。欧式风格、大气、豪华是整套企业形象设计的主调及要宣传的视觉效果（图4-5）。

图4-5　福思特国际商务酒店企业形象设计

案例四：华鸿物业企业形象设计

如图4-6所示，标志以“H”作为设计元素进行思维发散，用字母组合成楼体形象，具有简洁性、概括性和国际性。以金色为主色调代表高贵、华丽，体现物业的金牌服务品质。VI延展部分采用与金色对比的黑色，能够更好地突出企业标志，起到加强宣传和推广的作用。整套应用部分都以标志的奢华风格为基调进行设计，VIP名片设计中采用特种材质，进行激凸工艺的印刷处理，有效地增强了企业形象的贵重、奢华感。

图4-6　华鸿物业企业形象设计

图4-6　华鸿物业企业形象设计（续）

第二节　传统文化题材实践案例

案例一：汤先生 / Tomson' Soup 品牌设计

“汤先生Tomson' Soup”是一个立足于上海地区，为快节奏都市人群提供便捷透明的营养汤饮、时尚汤饮服务的健康膳食品牌。

汤的容器“碗”——不仅是一种容器，也是一种生活与艺术相结合、历史悠久的器皿。设计者从中获得灵感，以此创作了一系列图形图案，来表达汤先生品牌的文化内涵（图4-7、图4-8）。

案例二：平遥古城形象设计

山西平遥，始建于西周宣王时期，距今已有2800多年历史。1986年被列入国家历史文化名城，1997年同周边的双林寺、镇国寺一同被列入世界遗产名录，是国家5A级旅游景区。联合国教科文组织对平遥古城做出这样的评价：“平遥古城是中国汉民族城市在明清时期的杰出范例，平遥古城保存了其所有特征，而且在中国历史发展中为人们展示了一幅非同寻常的文化、社会、经济及宗教发展的完整画卷。”

图4-7　汤先生品牌形象设计

图4-7　汤先生品牌形象设计（续）

图4-8　汤先生企业形象设计——应用部分

图4-8　汤先生企业形象设计——应用部分（续）

图4-8　汤先生企业形象设计——应用部分（续）

平遥旧称“古陶”，明朝初年，为防御外族南扰，始建城墙，洪武三年（公元1370年）在旧墙垣基础上重筑扩修，并全面包砖。以后景泰、正德、嘉靖、隆庆和万历各代共计进行过十次的补修和修葺，更新城楼，增设敌台。康熙四十三年（公元1703年）因皇帝西巡路经平遥，而筑了四面大城楼，使城池更加壮观。

平遥古城形似神龟，城墙巍峨雄伟。平遥城内的民居建筑布局严谨、轴线明确、主次分明、轮廓起伏、大院深深。双林寺的彩塑是中国彩塑艺术的巅峰之作；千年瑰宝镇国寺是中国古代建筑艺术的杰出典范。

平遥古城也是晋商的重要发源地，“汇通天下”的日升昌票号便诞生于此，它在中国历史上第一次引入了“银行”的概念，并见证了中国金融发展史的开端，成为中国金融业的开山鼻祖。

借2017年平遥列入世界文化遗产20周年庆典之际，平遥古城文化旅游全面进入品牌化升级阶段，真正实现“大美古城，小康平遥，国际旅游城市”愿景，以崭新的面貌迎接来自四面八方的中外游客。

设计方案一：

标志在收集了平遥古城的各方面资料和信息后进行设计思考和思维联想，因为平遥又称“龟城”，所以标志以此作为设计的出发点，用文字的形式进行设计。以中文“遥”字进行设计演变，增添了古城的建筑轮廓和龟的抽象形体，以褐色为主色调彰显沧桑和古朴感（图4-9、图4-10）。

平遥古城标志提案

PING YAO

平遥古城

标志释义：

平遥又称“龟城”，标志以此为出发点，由“平遥”两字组成“龟”的俯视平面图形，代表平遥古城文化，文字的变形两边翘起好似平遥古城建筑，具有极强的代表性。标志以褐色为主色调，凸显古城的历史，具有厚重感。

广告语： 月城旁 柳河天 欲醉平遥边

图4-9 平遥古城标志提案一

平遥古城吉祥物提案

图4-10　平遥古城吉祥物提案一

设计方案二：

标志以中国传统印章的形式进行延展设计，将中文字体直接变形应用，以此进行标志设计，具有直接宣传性和可识别性，标志图形采用古印形式，更能够凸显平遥历史文化特点（图4-11、图4-12）。

平遥古城标志提案

平遥古城

PINGYAOGUCHENG

标志释义：

标志以“平遥”两字为主要设计出发点，通过字体间的错落排列与搭接组成平遥古城形象，展现古城文化，使标志设计既有传统特色又不失现代韵味。以红色为主，制作成仿印章效果，具有强烈的视觉效果，也便于在应用部分的延展。

广告语：醉美古城 相约平遥

图4-11　平遥古城标志提案二

平遥古城吉祥物提案

图4-12　平遥古城吉祥物提案二

第五章 作品欣赏

学生作品一

图5-1　设计者：武兴佳

学生作品二

图5-2 设计者：刘伟

图5-2 设计者：刘伟（续）

学生作品三

图5-3　设计者：朱琳

学生作品四

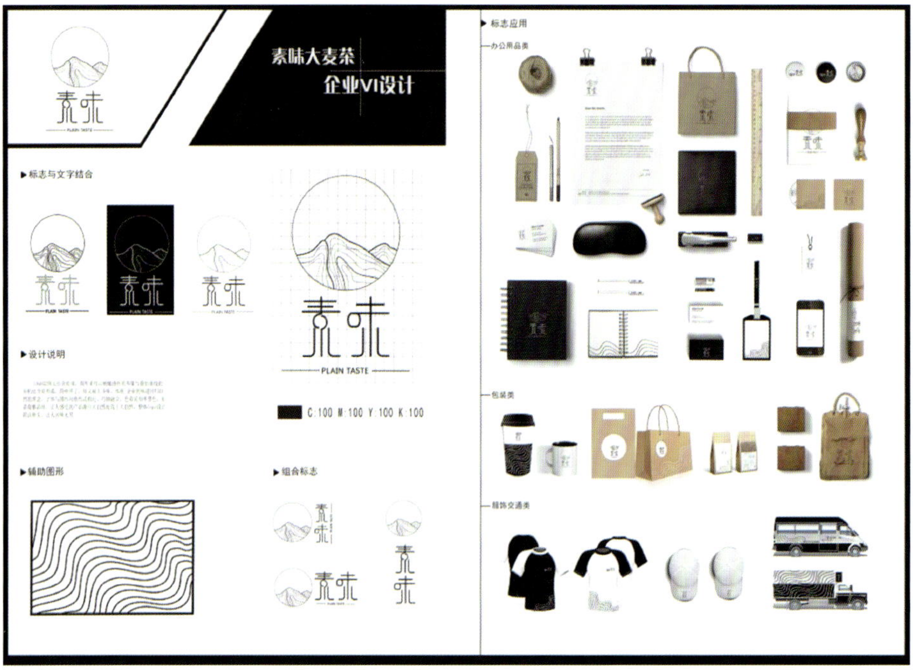

图5-4　设计者：刘嘉欣

学生作品五

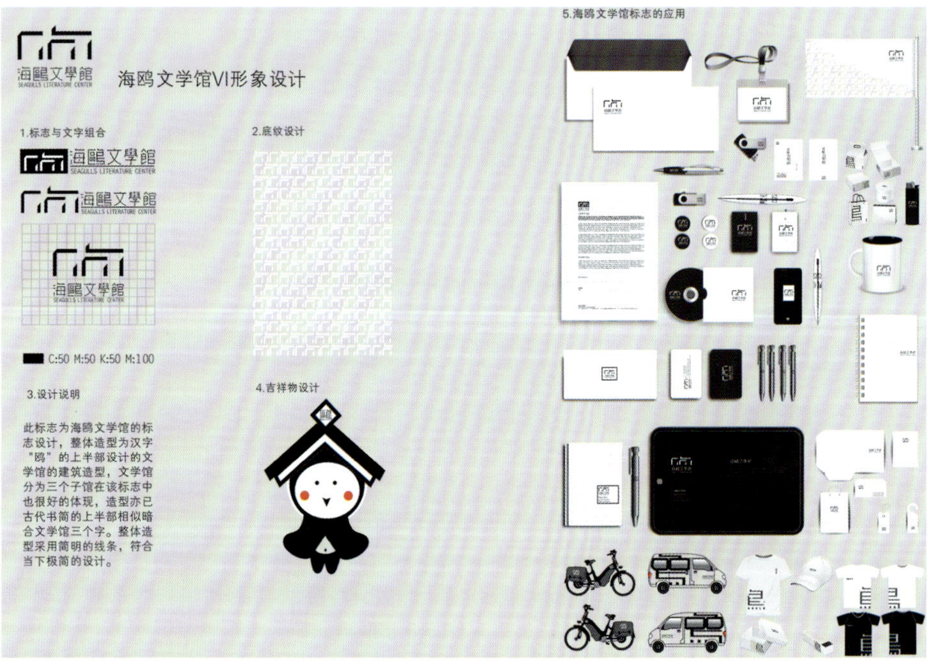

图5-5　设计者：韩东旭

学生作品六

图5-6 设计者：郭莎莎

学生作品七

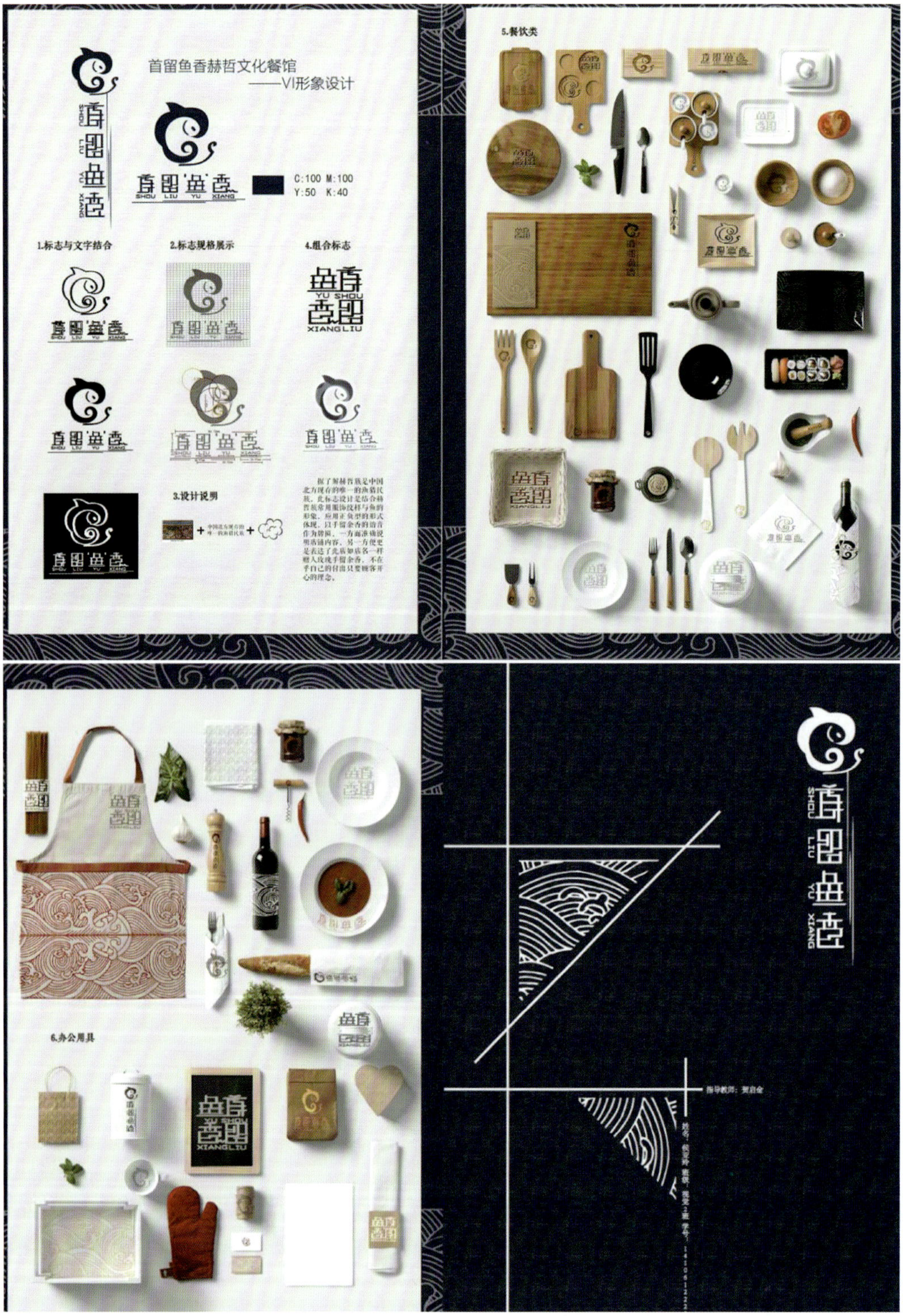

图5-7 设计者：侯亚玲

学生作品八

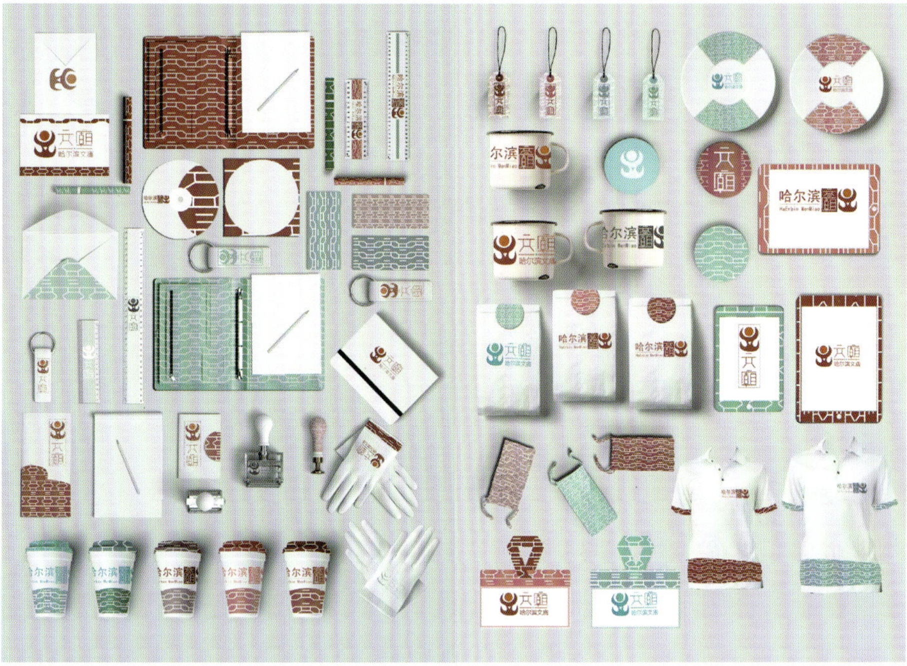

图5-8　设计者：赖钊

学生作品九

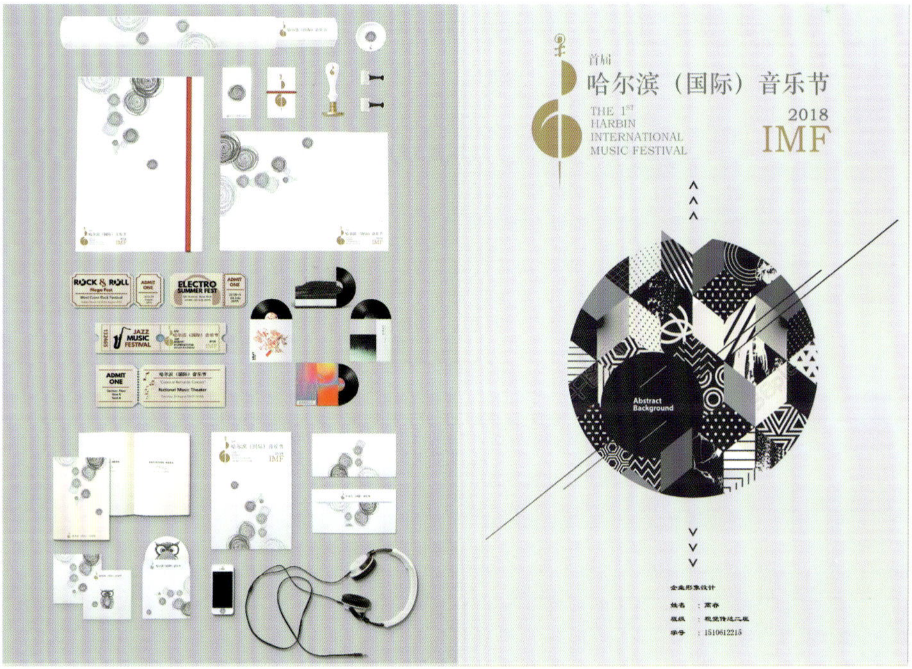

图5-9　设计者：高睿

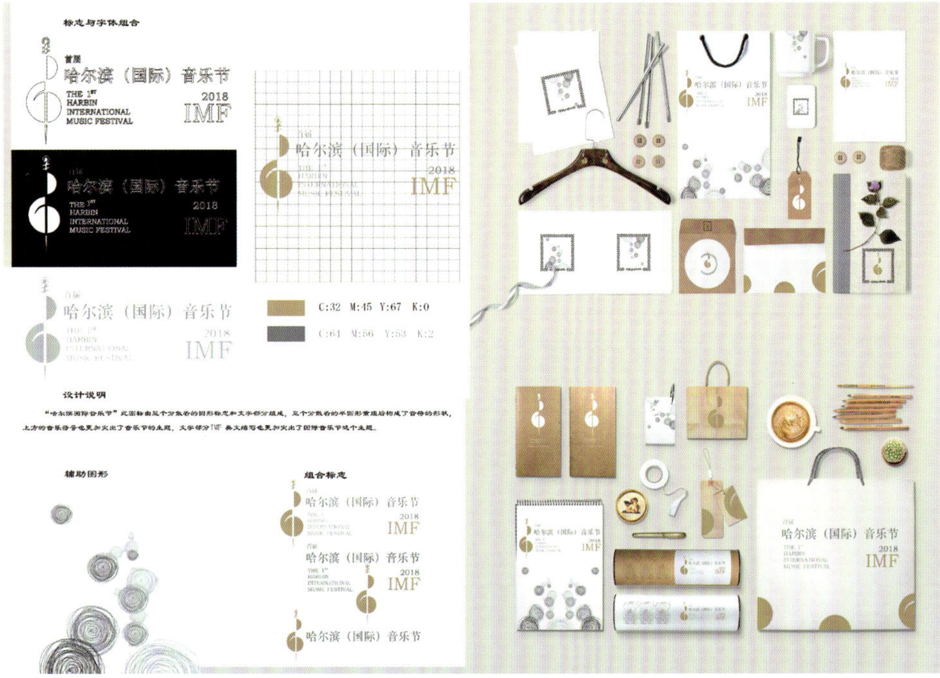

图5-9 设计者：高睿（续）

学生作品十

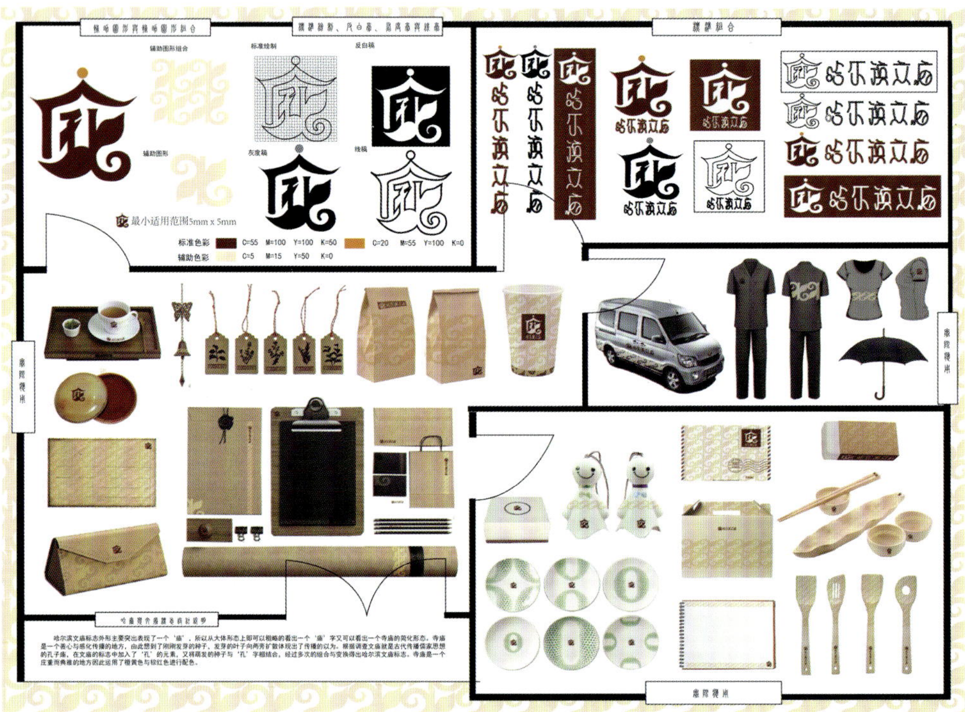

图5-10 设计者：刘文静

学生作品十一

图5-11　设计者：齐菲

参考文献 References

[1] 徐阳. 品牌与VI设计[M]. 上海：上海人民美术出版社，2006.

[2] 李鹏程. VI品牌形象设计[M]. 北京：人民美术出版社，2010.

[3] 黄建平. 标志创意设计[M]. 上海：上海人民美术出版社，2006.

[4] 李道国. 商标形象的视觉设计[M]. 南京：东南大学出版社，2006.

[5] 靳埭强. 中国平面设计：企业形象设计[M]. 上海：上海文艺出版社，2000.

[6] 朱健强. VI品牌形象识别与传播[M]. 厦门：厦门大学出版社，2011.

[7] 朱星雨. 企业形象设计[M]. 北京：清华大学出版社，2015.

[8] 高彬. CIS企业形象设计[M]. 北京：人民邮电出版社，2015.

[9] 马旭东，赵洁. 企业形象设计[M]. 上海：上海人民美术出版社，2016.

[10] 苏徐. 广告策划[M]. 北京：机械工业出版社，2016.

[11] 王方. 市场营销策划与品牌推广[M]. 北京：中国人民大学出版社，2016.